社長の入門書

サラリーマンを辞めて起業で成功するために❗

起業家育成コンサルタント
川瀬博文

みらいパブリッシング

はじめに

ようやく日本の景気は上向いてきているとはいえ、まだまだ経済的に厳しい思いをしているのが一般の方々の現実です。

「こんな社会情勢のなか、会社に就職しても薄給でこき使われるだけ。それならば、自分で起業して会社を持とう！」

そのような気概を持つ方が増えており、二〇一三年度の会社設立の申請は前年度を二パーセント上回り、新設法人数は一〇万を超えています。

ですが、そうして設立された法人の七割は、三年を待たずして解散の運びとなります。

なぜか？

その原因の実に七割以上が「資金不足」である、との統計もあります。

せっかく夢と志を持って起業したのに……。

でも、もしあらかじめ対策できることがわかっていれば、どれくらいのお金を貯めてから起業すればいいのか、どういうふうに会社を運営していけばいいのかがわかっていれば、会社を潰さず、むしろお勤めしていた時よりも何倍も豊かな収入を得られる可能性が高いのです。

では、なぜ私がその対策をお伝えすることができるのでしょうか。

私は学生の頃から実家の有限会社の役員として働き、その後は「自分のビジョンを実現したい！」と自分で会社を作り独立、複数の会社の合計売上が五億を超えるほど、経営も軌道に乗せました。

ですがもちろん、順風満帆でここまで来ることができた訳ではありません。

信頼してビジネスを任せた友人に、会社の資金を一千万円横領されたこともありました。また、銀行からの借り入れの審査に悩んだり、「これだ！」と思ったビジネスの計画が遅々として進まなかったり、といった波瀾万丈がありました。

特に、お金に関しては、知識が足りないがゆえの失敗も重ねました。そこで奮起して自分なりに研究を重ねた結果、世の起業家たちが、無知ゆえにいかにお金を浪費してしまっているかという事実も思い知りました。私がこうして起業コンサルタントを続けているのは、自分の体験を活かし、同じような失敗を繰り返していただきたくない、という強い思いがあるからにほかなりません。

　そうして実績を積み重ねてきた今、現在では、様々な助成金などを得るためのノウハウなど、会社経営にまつわるお金については、まさにエキスパートである、と自負しています。

　そして、そんな知識を確立してきた数年前から、私には一つの夢がありました。

「本を出版して、自分が培ってきた、この、会社・ビジネスとお金の知識を多くの人たちに伝えたい」というものです。

　資金の知識や助成金などの知識がないばかりに、せっかく志があってはじめた会社を保てなくなった方や、借金の利子が膨れ上がってしまい、どうすることもできずに死を選んでしまう方……。

　そんな悲しい話を私はいくつも見聞きしました。そのたびに「起業の知識や資金繰りのノウハウがあれば、そんなことにならなくて済んだのに！」と悔しい思いをしてきました。

今回念願が叶い、本書が出版の運びとなり、こんなに嬉しいことはありません。

私がここまで来ることができたのは、いつも私のビジネスをしっかりとサポートしてくれる多くの仲間たち、沢山のご縁や多くの方々の支援、私の手がけたビジネスで喜んでくださるお客さまの笑顔、そういった皆様の温かさに支えられたからこそです。

この本を手にとってくださったあなたの「お金の知識不足による不幸」が少しでも減り、「自分を豊かにしてくれるツール」として使いこなしてくれることを切に願っています。

そしてこのことが、私を支え、応援してくださった皆様へのせめてものお返しになるのではないかと思っています。

成功する起業家育成コンサルタント
川瀬博文

目次

第1章
その起業、本当に必要ですか？

「やむをえず」起業する人が多い。だからこそ知ってほしいこと

私はこれまで、三〇〇社以上の起業をお手伝いしてきました。そのなかで一つ驚くことがありました。進んで起業するというよりも、やむをえず起業している人がいかに多いかということです。

こういうケースを私は仮に「やむをえず起業」と呼んでいます。どういうことかというと、リストラなど何らかの理由で会社員を辞めることになった人、家庭の事情などで自営をせざるをえなくなった人などです。

「起業したい」と自ら考えて覚悟を決めて起業する人たちというのは、やりたいことや目標がはっきりしているため、しっかりした信念を持っています。在籍している会社でもこういう仕事をやってきたので、これならうまくいきそうだとか、資金の面も含め、ある程度の準備ができている人が多いようです。

一方、「やむをえず起業」の人、それからもう一つのケースとして、起業ブームのようなものに踊らされて——例えば「今のままであなたはいいんですか?」というようなキャッチコピーに乗せられて——その気になって「よしやるぞ!」という単純な気持ちから入

ってしまった人は、うまくいかないことが多い。翌日に「やーめた」となってしまいます。
その理由を考えていくと、準備不足という人がとても多いのです。

なぜ起業したいかを考えよう

同じ起業でも、自分でやるぞと決めた人と、「やむをえず起業」の人との違いは、プライドを捨てるか捨てないか、というところにあります。覚悟のある人は、自分のメンツにこだわりません。例えば失業保険をもらうためには、会社を辞めてから三か月間の待機期間がありますが、「客がいるから俺はそんなに待っていられない」という人は当然、待つ必要はないわけです。

でも、「やむをえず起業」の人は、半年も一年もなんとかもらう方法を考えて、もらう方法のための情報コレクターになってしまいます。

もちろん、辞める前に自分が持っていた権利、つまり有給休暇や失業保険などをきちんともらうというのは、重要なことです。それが起業の役に立つのであれば。しかし、権利にこだわって機を逸してしまうというのは、それこそ本末転倒です。

単純に会社を作って社長になりたい、事務所を借りて看板を立てたい、という人は、甘い考えを持っています。社長になって自由な時間を持った時点で、すぐに売上が立つだろうと、単純な図式で考えてしまいます。

そういう人は、ちょっと成功して自由な生活をしているフリーランスや経営者のそばについて、いろいろな勉強をするのですが、そちらに対する投資が多くなってしまいます。セミナーを受講したり、コンサルティングを受けたりと、わからないからお金を出資して何かを学ぶというのは、基本的には良いことなのですが、大事なのは、本当にそれが実るのかというところです。

話を聞いたその時は元を取ろうと思うのでしょうけれど、三日もすれば、払った金額や情熱を忘れて、ただくっついているだけになってしまう。私からすると、元を取るつもりがないとしか思えません。

「楽して金儲け」のようなキャッチフレーズのネットビジネスが流行っていますから、「やむをえず起業」の人には、そういう方向へ行ってしまう人が多いと言えます。「明日からお金が入ります」「どこかに所属すれば、パソコンだけでできます」……そういった箇単かつ手間がかからなさそうなものに、自分の事業計画を持っていってしまいます。

つまり、「やむをえず起業」の人は、自分の本来やりたかったことをやらないわけです。芯の部分がしっかりと存在しないために、「ちょっとこっちのほうがいいな」「あっちもいいな」とフラフラして、あっちこっちでお金だけ使います。起業をきちんと決めた人というのは、自分のやりたいことはこうで、こういうお客さまを相手にしたい、と、まず決めてからスタートをしています。その事業の計画性というのが、ゆくゆくの信用につながっていくのです。

起業する人のパターン、４タイプ

起業しようとする人には、大きく分けて二通り、細かく分けると三パターンあると考えていいと思います。

自分なりのビジョンがあり、覚悟を持って進んで起業しようとする、「きちんと起業」の人。なんらかの理由があり、やむをえず起業の道を選んだ、「やむをえず起業」の人。

「やむをえず起業」の中には、単純に独立したい、社長になりたいという、自分のわがままから起業を選んだ「わがまま起業」の人と、ほかに選択肢がなくて起業せざるをえなくなった「後ろ向き起業」の人がいます。

もちろん、実際にはそれぞれの人にはそれぞれの事情がありますから、単純に分けることはできないのですが、大きくは三通りと言っていいと思います。この中のどのパターンかによって、陥りやすいポイントや注意すべき点は違ってくるので、自分がこれらのパターンのどれに当てはまるのか、それを確認しつつ、本書を読み進めていっていただければ、かなりの割合で失敗を回避できるでしょう。

私の実感として言うと、起業する人の八割は、「やむをえず起業」です。自分の都合だけで、ビジョンもなく、会社に行きたくないとか、自分の評価はもっと高いはずだとか、独立したらもっと稼げるんじゃないかとか、そういった人たちが多いのです。起業ブームのような風潮の影響もあると思います。

「きちんと起業」の人でも、私のところに相談に来る人がもちろんいますが、そういう前向きな人の相談というのは、事業計画がかっちりしていますから、これはどうなんですか、この計画はちゃんといけるんでしょうかというような、確認作業だけなんです。そういう

あなたはどのタイプの経営者?
陥りやすい欠点をみつけて、失敗を防ぐためのチェックシート

自分が当てはまると思ったらアルファベットに○をしてください

①	人と会うことが仕事に繋がると思う。交流会は積極参加。	→ D
②	喧嘩では負けない自信がある。	→ C
③	自分は一人っ子、あるいはおじいちゃん、おばあちゃん子。	→ C
④	楽観的である。	→ B
⑤	まわりには友人が多く心強い。	→ B
⑥	創るのが好き。	→ A
⑦	自分の考えには自信が持てる。	→ C
⑧	大手の会社に勤めていた経験は起業に有利だと感じている。	→ D
⑨	数字が好き。	→ A
⑩	自分はチャレンジャーだ。	→ A
⑪	自分は人気者だ。	→ B
⑫	経営者になったからには沢山の人と会って仕事にしたい。	→ D

あなたはどのタイプの経営者?

陥りやすい欠点をみつけて、失敗を防ぐためのチェックシート

A〜D　一番○が多かった記号が、あなたの傾向のタイプです。

A アイデアタイプ

自分の商品やサービスに対しての思い入れが強くなる傾向があります。いいもの、いいサービスだから、売れるはず、という思考に頼り過ぎになるかもしれません。

顧客のニーズとのマッチができているか、あるいは、商品の売り先のマーケットが合っているか、広告宣伝の表現が適しているか、などをチェックするとよいでしょう。

B 依存タイプ

つい人に頼りがち。人柄がよく、あなたを助けてくれる仲間に恵まれて来たあなたはつい、その方法論で、人に頼ってしまう傾向があるかもしれません。

もちろん、仲間は大切ですが、経営者となったからには、自分で決めて実行し、責任をとること。

また、サービスの対価としての金銭感覚や、経営者として、ビジネスでのつきあい方、合理性を身につけるとよいでしょう。

C ワンマンタイプ

自分の考えに自信があり、間違っているという疑いを持ちにくいタイプのようです。人の失敗も、あの人が下手だから失敗している、と他人事になりがち。物事がうまく行かないのも人のせいにしがちです。

人の失敗も自分のこととして、捉える癖をつけましょう。経営者になれば、自分が正しいことをしていても、いろいろな社会的な状況で危機に見舞われることを知りましょう。

D 人脈タイプ

どれだけ名刺を沢山もっているか。偉い人を知っているかが仕事に繋がると信じていないでしょうか?

大きな会社、ブランド力の高い会社では、○○会社の名刺で仕事になっても、起業したからには、ゼロからの信用です。

本当に信頼できる仲間をつくりましょう。また、顧客の予備軍か、そうでないかの見極めも大事です。時間は有限ですから。

人って、自分の中でもう心は決まっているんです。

　モチベーションを高く持って勢いだけで起業するというのも、全然かまわないんですが、そういう人は、事業の内容や計画を聞くと、やっぱりずさんです。でも、経験がないわけですから、これは仕方ないと思います。要するに、毎月二十五日に給料が振り込まれるという感覚から変えていかないと、自営業者としては致命的だと思います。給料がゼロの月もあるし、下手をすればマイナスもあるよということを、もっと認識しないといけないなと思うことが多いのです。

うまい話に乗ってはいけない

「やむをえず起業」の人が、まず気をつけなければいけないのは、「うまい話に乗るな」ということです。「やむをえず起業」の人には、自分に都合のいいものを信じる人が多い。自ら選んで起業しようというわけではないので、どうしても先行きに不安があり、安心できるものに飛びつく傾向があります。心に隙がありますから、そこにつけ込まれてしまうのです。

起業した人の周りには、必ずいろいろな人が集まってきます。手を貸してあげるという人も現れます。しかし、そこには、起業につけ込んだ商売もあります。こういう交流会を開いているから人がたくさん集まるよ、そこでマッチングさせてあげるから、仕事に絶対につなげられるよと言って、だから三〇万払いなさいというような商売をして、コンサルタントを名乗っている人もいます。

そういう人は、話の持っていき方が、非常に上手です。ただ、そういうコンサルタントは、マッチングしたあとにどうつながったかという実績を出していないので、怪しいかどうかはまずそこで判断できます。

自分の芯がない人は、うまい話に乗りやすいし、人が集まっているところに行きやすくなります。「やむをえず起業」の人は、さみしいし、まだ孤独と不安感に耐えられないので、例えば一〇〇人パーティとか、異業種交流会のような人数の多いところに行ってしまいます。そこで、名刺を大量に配るわけですが、その段階では、ホームページによるブランディング（ブランドの明確化）もないわけで、増えるのは名刺のコレクションだけ。自分も相手の顔を全部覚えていなければ、相手だって、こっちの顔なんか覚えているわけがありません。

そういうことはFacebookでも多いのですが、「今日はこの人の講演に行きました」とアップする人がいます。そのこと自体はいいんですが、ただ、それが自分の身の丈に合った相手ではなかったりします。「ホリエモンと写真撮りました」と言って、それだけで成功者みたいな顔をする人がいますが、それは違いますよね。ただの自己満足にすぎません。

八百屋さんから出発して

ここで、私自身の経歴を少しお話ししておきましょう。

私はもともと父親の経営する会社の役員として、青果卸業、要は八百屋さんをやっていました。その中でいろいろな経営者の方と会ってわかったのは、お金に対してとても無頓着であるということ。昔のイメージで言うと、お金をもらってかごの中にジャラジャラ入れるようなタイプのビジネスをいまだにしています。私はそういう経営をしている父親や周りの方々を見ていて、どうしてこれで経営が成り立つのかなと思っていました。でも、だんだん勉強すればするほど、大体そういう人は破綻《はたん》しているということが見えてきました。いつもおんなじような調子で、「まいどー」とお金をもらって、そのままお金を腹巻きとかに入れて、そのまま使っていくみたいな、そんな経営です。いい時はそれでもいいのです。私は初めて経営に携わったときには、それが当たり前だと信じていましたが、大体二年から三年経つと、お客さんがいなくなっていきます。

そのときに、やっぱりお金の勉強というのはとても大事なんだなと思いました。それで、経営者として何が必要なのか、それはお金だろうと考えて、お金の勉強から始めました。

そのときは顧問税理士がいたのですが、私も会計について全く無知だったので、一から教えてくださいと頭を下げて教えていただきました。こっちは全くお金のことがわからないのに、税理士は専門用語を並べるから、私みたいな人は短気を起こします。「わからん、それではわからん」と言いつつ、何とか教えてもらって、それに対して疑問があったら、赤ペンで線を引いて、ここがわからないと言ってまた聞く。でも専門家からしてみたら、これはこういうことだと簡単に言うわけですよ。でも、こっちはそこで使っている専門用語がわからない。時にはけんかをすることもありました。

私はそういうことを経験したので、自分がもし教える立場になったらどうしたらいいだろうと思い、専門用語を一切使わないということが一番いいと考えて、本書でもそれを心がけています。本当に親切なアドバイザーは、やたらと専門用語を使わないものです。

初代から二代目への継承は苦労するが実りもある

そんな中でいろいろな成功した方を見てきました。儲かっている社長さんも、儲かっていない社長さんもいます。誰でも、いっときは儲かる時期があります。そういう人は、馬鹿みたいにお金を使うのですぐにわかります。いきなり車がベンツに変わっていたり、飲むお酒や身につけているものが、急に変わったりします。そういう人はいっときはいいんですけれど、三年後五年後という長いスパンで見たときに、大体いつの間にかいなくなります。落ちてきたときに、見栄っ張りなので誰にも相談できないのだそうです。私がもし関わるのだったら、一年とか二年という短期間ではなくて、何十年という長い人生を生きていかなければならないわけですから、きちんと厳しいことを的確に言って、その人たちを成長させて、長く続けられる経営を指導していきたいなと思いました。いっときで爆発的に儲けたいのなら、博打でもやれという話です。

私が自分の会社を立ち上げたのは、簡単に言えば、父親と経営方針が合わなかったからです。親はいつまで経っても子どもは子どもだと思っていますから、息子の言うことなんかに聞く耳を持ちません。最後には、「だったら自分でやらんかい」「じゃあ自分でやるよ」とけんかになるのが普通です。だから大体、初代と二代目はうまくいきません。そうやって二代目は戦っているから、こんなことをしたらいけないなと考えて、二代目から三代目に継ぐときは結構すんなりと事業を継承したりします。でも、二代目から三代目になるときはおだやかなだけに、三代目で会社を潰すケースも多いんです。事業を息子の代まで継いでほしいという人は、気を付けないといけないですね。

どうやってお金のエキスパートになったのか

私は、最初のうち、経営者に対していろいろな助成金や補助金というものがあることを知りませんでした。それは、教えてくれる人もいなかったというのが大きいですね。あとから、そういうものがあったのにと聞いても、時すでに遅し。融資のときもそうでしたが、知らないからだめだった、あとから知ったけれど遅かったということが、特にお金に関して多かったんです。必要な届け出を忘れていたとか、意外と誰も教えてくれないことが多くて、お金がらみで損をしてきました。

そういうときに専門家に相談はしてきたんですが、そこは本当に「専門」家で、最低限必要なことしかやってくれない。ホームページを作りたいと言ったら、格安でとにかくホームページの形だけできました、みたいなものです。

届け出を忘れたというものの一つに、消費税の免税制度というものがあります。届け出をすれば、消費税を二年間は払わなくていいという制度があるんですが、私はその届け出方法を知りませんでした。当然のことながら、最初の頃は売上を上げるために、一気に販売促進をします。そして、期末を迎えると、消費税がどっかりきたんです。私は、その制度自体の知識はあったので、消費税は払わなくていいはずだ、顧問税理士とか、会社を作る手続きをした人が届け出をしてくれているものだと思っていたわけです。

そこに消費税がきたものでびっくりして、申し立てをして、届けを出すから免税にしてくれと言ったら、それは会社を設立して二か月以内にやらないとダメです、ということでした。そのために、払わなくても済んだお金を四〇〇万近く失ったでしょうか。

雇用についてもそうでした。設立当初はとにかく人が必要だったので、後先考えずに人を雇用しました。雇用して一年経ったあとに、知り合いの経営者さんに、雇用の助成金はもらっているの？　と言われました。こちらは、なんですかそれ、という状態です。

でも周りの経営者さんに聞いたら、みんな知らないと言うんです。だったら、これは知っておけば絶対得になると思って、自分でいろいろ調べはじめました。でも結局、必要となる知識、情報量が膨大なので、自分一人ではできないなと思って、その道のプロとか、タッグを組んでくれる人を探したりしてやってきました。

そういう助成金なども、勉強した上で届け出して、やっとお金が下りた。そういうことをどんどん繰り返していったら、いつのまにかエキスパートになっていた、というわけです。

周りで話を聞いてみると、私のようなやり方で知識を増やしていった人というのは、意外と少ないようです。私が経験したときと違って、今ではそういうことを教えてくれる人もけっこう増えました。私が起業した頃は、そんなのはほとんど知りませんでした。これは極端な例ですが、当時、創業支援の助成金についてのコンサルティングをしていた社会保険労務士さんで、それで家を建ててしまったという人もいました。助成金をもらえた報奨として四〇パーセントを社労士に支払ったとしたら、会社の助成金一千万円に対して社労士に四〇〇万円入ってくるわけです。まさに助成金御殿です。でも、クライアントは一千万円のうち四〇〇万円払ったとしても、放っておいたらもらえなかった六〇〇万円分、得をしているわけです。

この本を書いたきっかけもそうですが、私がこういう仕事をしているのは、私みたいな失敗はしてほしくないという思いが強いからです。活用できるものは活用しようという部分を、一番強調しています。

助成金にはいろいろありますが、慣れない人が助成金を受け取ろうとすると、とても手間がかかる場合があります。私はずっとそういう助成金などについて調べたりアドバイスしたりしてきましたので、件数をこなしていると、当然効率が良くなってきます。

例えば、今、雇用しているアルバイトを契約社員にする、その契約社員をさらに正社員にするとなると、その都度に助成金をもらうことができます。だから、一気に正社員として雇用してリスクを背負うより、まずアルバイトにして、半年後に契約社員にして、次に半年経って、きちんと従業員として続いていれば、正社員にする。そのやり方なら、その都度、例えば三〇万、六〇万、一〇〇万といった助成金が下りてきます。そういうことも見据えて経営を考えていくことができればいいのです。

こういう助成金があります、という情報については、インターネットなどで簡単に得ることはできます。ただし、専門用語が多くてほとんど言っている意味がわからないというものが多いのです。「被保険者」と言われても、一般の人にはなんのことやらで、法律を少しでもかじっている人でないと、パニックになってしまうでしょう。

経営者にありがちですが、申請書類も面倒だし、そんなことをやる時間があるんだったら稼ぐのに力を注いだほうがいい、という考え方になってしまいます。

ルールを知って失敗を避ける

起業時に必要な事業計画やビジネスモデルには何があるのか。どんな計画を立てて、どんな事業活動をやれば長く継続できるのか。もちろん事業ですから儲かることが大事です。

ただ、儲かっていなくてもお金があれば経営というものは継続できるのです。

これから私がお話しするのは、ビジネスを成功させる秘訣です。成功させる秘訣とは、逆に言えば「失敗しない方法」と思ってください。どういったことをすれば失敗するのか、それがわかれば失敗はしないわけですから。そして、そういう秘訣がわかれば、ビジネスを立ち上げてからの試行錯誤をある程度軽減できて、ビジネスを加速しやすくなります。最初にビジネスを立ち上げた時には、いろんなことを考えなければいけないし、いろんな人たちと会わなければいけない。何が正しいかはっきりとわからない中でそういうことをするわけですから、一番労力を使います。そこで迷うことが少なければ、スムーズにビジネスを展開していくことができます。

経営というものは、簡単に言うとゲームみたいなものです。ゲームという言い方は語弊があるかもしれませんが、要はルールがわかればいいということ。会社を経営するにあたって、ルールと仕組みさえわかれば、基本的には間違いを起こさずに済みます。

受験産業では、大学別の入試の傾向と対策などがよくありますが、試験の傾向さえわかっていれば、対策は結構練ることができるものです。もちろん傾向がわかったからといって志望校に行けるかどうかはわかりませんが、ないよりは確実にましだということです。

離陸するときに一番パワーを使う

いかに経営の要素を高回転させるかというのも、一つのポイントです。飛行機は離陸するときに一番パワーを使いますね。一旦浮いてしまったらそのまま揚力と慣性で飛んでいけるわけです。経営も同じように、離陸をどういうふうにやっていくか、なのです。お金をケチって自分で何でもやるというのも一つの手だと思いますが、かけるべきところと、かけるべきでないところは明確に分けなければいけません。その要素というのは、人であったり、物であったり、商品であったり、お金であったり、情報であったり、時間であったりといったものです。

情報に関して言うと、今は、情報が溢れ出すぎています。何が正しくて何が間違っているか、誰にも答えなんかわからない状態です。ある意味、やった者だけにわかる、やらなければわからないことも多いのです。

お金について言うと、お金に無知な経営者が非常に多いのです。無知というのは別に恥ずかしいわけではないのですが、無知であればあるほど経営に失敗する可能性も高くなります。お金というものは、誰にとっても一万円の価値は一万円なんです。変わってくるのは、その一万円をどう使うかです。例えば同じ一万円を使いましたといっても、投資で使っているのか浪費で使っているのか自己満足で使っているのか、それは同じ一万円でも生かし方が違いますね。例えば元手が一〇〇万円だったとします。それに付加価値をつけて活用するのが企業です。キャッシュ（資金）がなくなれば当然ゲームオーバー、要するに倒産となるわけですが、そのキャッシュというのは単純に利益のキャッシュじゃなくてもいいわけです。別に借りたお金でもいいし、極端に言えばもらったお金でもいい。お金はお金ですから。そういったところを割り切らなければいけないというのが、事業の経営だと思います。

カーナビを設定せずに目的地に行くような、つまり何も考えずにドライブしようというような、行きあたりばったりな経営をする人は非常に多いのです。やると決めたらとにかく進むというやり方は、精神論としてはありなのですが、全く目的地も決めずに走っていたらいつかはガソリンがなくなります。だから、まずは自分の中で事業計画を立ててみてください。どんなことをやりたいのか。最初は、紙の上のことですから、どんなことをやってもいいんです。極端な話、違法行為でもいい。実際にやってはいけませんが、紙の上だったら何をやってもいいわけです。そうすると、お金が回っていって、ここでお金が足りなくなるな、じゃあどうするか。あれ、これ倒産じゃないか、と。

紙の上ですから、何回でも失敗していいんです。実際に人生の中でも、確かに何回失敗してもいいと言いますが、正直な話、できれば失敗したくない。でも、成功は失敗の上に成り立つんです、本当に。失敗した者だけにわかるものが必ずあります。ただ、それは取り返しのつく失敗なのか、取り返しのつかない失敗なのかというところが重要なのです。

起業が本当に必要か？

さて、ここであなたにもう一度問いかけてみます。これからやろうとしている起業は、あなたにとって、本当に必要ですか？　方向が間違ってはいませんか？　見切り発車で拙速に進めてはいませんか？　覚悟はできていますか？

第2章

それでも起業したい人へ

勝負のポイントは甘えに気づくか気づかないか

さて、ここまで読み進めたあなたは、起業の覚悟ができているでしょう。

ここからは、具体的な計画に入っていく前の、起業に対する考え方をひもといていきましょう。起業の精神論と言ってもいいかもしれません。「そんなことより早く実務のことを教えてくれ」と言う人もいるでしょうが、もう少しお待ちください。ここで起業に対する考え方をしっかり確立できるか、言い換えればサラリーマン思考から抜け出せるかが、その後の成功を大きく左右します。

起業するなら自ら情報を得ようとするのはじつに当たり前の話なのですが、サラリーマンをしていると、そこに気づかない人も多いのです。情報は与えられるものだとか、教えてくれない上司が悪い、という受け身の意識が強いようです。

起業するには、そうした甘えに気づくか気づかないかという部分も非常に大きい。やると言ったことを基本的にやらない人がとても多いのです。自分で働かなかったら収入はゼロだという認識がないのが甘えなのかもしれません。期日を決めていつまでにこれをやってくれ、というやり方はサラリーマンのときに鍛えられていると思いますが、どうして起業になると期日を決めてやらなくなってしまうのか、というのが私には理解できません。

起業においては、自分を縛る上司はいません。自分の好きにできるのに、そのせいで逆に動けなくなってしまうのです。

特に、会社である程度の肩書きを得た人、そこそこのポストまで行った人に、そういうケースが多いと聞きます。肩書きが自分の実力だと思ってしまうのかもしれません。逆に、窓際族だったり社内でアウトサイダーだったり干されてしまったりした人は、サラリーマン思考に染まっていないので、会社を出てうまくやっていけたりします。お前はだめなやつだとか言われ慣れているから、独立したときに、そこからスタートできるという傾向はあるでしょう。

どうしてもサラリーマンに向かない人というのはいるものです。サラリーマンをすぐ辞めてしまうと、あいつは根性なしだとか使えねえなどと言われますが、そういった人のほうが経営者として、違った能力を発揮できる場合が多いわけです。こういう人は仕事はできますが、やったことがないから人の管理ができないことが多いので、そこだけ気を付ければいい。気合と根性はありますからね。

大事なのは、自分に投資すること

「わがまま起業」の人の場合は、マネジメントの部分、半年後にこれだけのお金がキャッシュで残っていないと運転資金が足りなくなるとか、そういうイメージができるかどうかでかなり変わると思います。イメージもそうですし、お金に対するこだわり・考え方も大切です。今月よければそれでいいという人たちは少ないとは思いますが、ある程度売上があると、それに溺れてしまって、営業活動を何もやらないというケースも結構あります。今一か月三〇〇万の売上があっても、それから何もしない会社だったら年収三〇〇万です。

私はよく、三年先を目指せと言っています。投資にはいろいろな形がありますが、大事なのは自分に投資することです。どういうことかというと、将来必要とされるものに対してはケチらず、きちんとお金を使えということです。時間に投資する、と言い換えてもいいかもしれません。

経営がうまくいっているときほど、投資をきちんとやらないといけません。自分もそうでしたが、売上のいい時期は長くは続かないものです。好調に甘えて一生懸命やらなければ、お客さんにも、こちらのだらけた様子がわかってしまいます。逆に言えば、一生懸命さというものも、かならず伝わるものです。

　儲かっているときほど先を見ろといっても、現実に今、目先のことで精一杯という人もいるでしょう。大事なのは、現実的に、具体的にイメージするということです。自分を追い込まないといけません。つまり、まわりの皆さんと同じ生活をしていたらだめだということです。土日・祝日休みは当たり前、今日は疲れたからとか、人間というものは、自分に都合のいい理由を付けて休みたがります。日曜はみんな休んでいるんだから、と思ってしまいますが、みんなが休んでいるときほど、働いたり、勉強したりしなければいけません。

「きちんと起業」の人でも、なぜかそういったサラリーマン気質の人は多いようです。でも、成功している人に話を聞いても、じつはとんとん拍子に成功というのはまれなのです。最初の一年はやれなかったとか、時間がなかったとか、つらかったとか、今でこそ言えることが非常に多く、はじめから成功というケースはほとんどないのが現実です。でも、周りにうらやましい生活をしている経営者がいると、自分もそうなれると安易に考えてしまうのです。

自分をマネジメントできるか

起業を目指す人はまず、何か自分にできることをと考えて、起業セミナーとか勉強会とかに行くわけです。でも、そういうところに詐欺師は目をつけて集まってきます。そこそこの会社ですけれど、うちで役員しませんか、と。最初は自分の貯金がある程度あるから、つい乗ってしまうんですね。

よくある手としては、大手の会社名をちょっともじった社名で関連会社っぽく見せるパターンです。○○フーズの関連会社を名乗り、その株価を株券として現金を騙し取られた人を何人か知っています。

大の大人がそんなことに引っかかるのかとお思いでしょうが、孤独で誰にも相談できないという立場の人は、こういうものにはまりやすいと言えます。

退職したばかりの人で、そこそこお金を持っていると、自分でかたを付けたくなります。そこそこの会社に就職して、年収一千万でずーっときたら、最初に出す一千万なんて屁でもないって思ってしまう。今まで情報は与えられる側だから、自分で調べずに、お金だけ見ず知らずの口座に振り込んでしまうのです。

よく占いに頼るという人がいますが、依存さえしなければいいんです。できる人というのは、そういうところに行って運気を見てもらって、よかったらいいものだけ吸収し、悪かったらそこを努力します。私たちも頑張ろう、という励みにします。私も事業を始めて三年経過したときには、厄除けに行きました。神頼みであっても、何かを変える力になればそれでいいんです。

経営者というのは全部自分の責任ですから、すべて調べろというのが基本です。自分で調べて話を聞いて、さらにその話が本当に信憑性《しんぴょうせい》があるかを調べて、またセカンドオピニオンのような形で一〇人ぐらいに聞いて同じ答えが返ってくるかを調べます。

人に依存したがる人というのは、アドバイスを受けるとますます依存してしまうというところがあります。そのくせ、アドバイス通りにしてうまくいかないと、その人のせいにしてしまったりする。それで、「大したことねえよ」とネットの掲示板に書きこむ（笑）。

もちろん、人と人の付き合いには相性もありますし、人がうまくいったことが自分にはうまくいかないということもあります。

自分をイノベーションできるか

経営者自身も、客観的に自分を見る自分と、プレーヤーとしての自分という二人の自分を置かないといけないと思います。その考え方がないと、メリット、デメリットがわかりません。イケイケの自分は、売上が上がって利益も出るとメリットを見る。客観的な自分は、失敗したら破産のリスクもあるというデメリットを考える。デメリットだけ考えて、やらないとなると、結局利益を追えません。

調子の良いとき、人は、メリット、デメリットをあまり考えないものです。メリットとデメリットに関しては、自分で責任を持っておかないと、売上が上がらないのを従業員のせいにしたり、景気のせいにしたり、政治家のせいにしたりと、矛先がどこにいってしまうかわかりません。

時間に対する投資ができているか

会社を退職する時、一か月前には退職願を出すというルールがあります。でも、実際には、有給休暇を消化すれば、辞めるまでの二〇日間とか一か月、会社に行かなくても給与がもらえるというケースも多いですね。そうすると、余裕を持ってしまって、給料が入るからまだ何もしないでいいやという気持ちになりがちです。

「やむをえず起業」の人はどちらかというと夜行性になりがちで、夜中には自分の起業のための準備をしますが、昼間は会社でボーッと仕事をしているふりをしています。昼間のうちにできることって、じつはたくさんあります。例えば、役所は昼間しかやっていませんから、設立手続きなどには昼間しか行けないのに、そういう必要なことをやらずにダラダラ過ごす人も多い。極端な話、人に頼んで全部任せてしまってもいいんです。でも「やむをえず起業」の人は、そのへんに関してはケチで、お金がもったいないと思っています。

でもそれは、お金を大切にしているように見えて、じつは、時間に対する投資ができていないということなのです。結果、事業をやるうえでも、何でもかんでも自分でやろうと思って崩壊するケースを、私はたくさん見てきました。

知り合いで、昼間からお酒を飲んだり、高級マンションでパーティをやったりという、優雅な生活をしている人がいると、そこに近づこうとする人もいます。「人脈がすべてだ」というようなキャッチコピーを見て、成功した人に近づこうとするんです。近づくこと自体はいいんですが、近づいたあとのフォローは誰も教えてくれません。近づいたら、その人はあなたにお金をくれるんですか、と考えましょう。

成功者の人脈を使おうと思ったら、そういうことも忘れてはいけないところです。Facebook などのＳＮＳ（ソーシャル・ネットワーキング・サービス）を利用してアドバイザーのようなことをやっている人もいますが、彼らはあなたを良いカモとして見ているかもしれません。右も左もわからない人にちょっと親切にしてあげると、不安な気持ちを持つ人は、すぐに信用してしまいます。

「あなたが私にお金を払ったら、これだけの収入が約束されます」ということは実際にあるわけがないのに、しっかりしたビジョンのない「やむをえず起業」の人は、その甘い誘惑に乗ってしまうのです。

起業するということは、収支を考えるということ

大事なのは、事業計画をきちんと立てることです。起業した以上、もちろんある程度の収益は見込んでいるはずですが、やはり資金繰りがきちんとできていない人が非常に多いのです。

三か月、半年、一年スパンの資金繰り計画をきちんと作る必要があります。もちろん、売上を見つつです。会社の固定費はあらかじめおおよそ見えるわけですが、ちゃんと三か月なり半年なり、具体的な利益をプールできる事業計画を立てているか、そういう意味で、売上が重要なわけです。

例えば固定費をできるだけ安くするのを考えるなら、立派なオフィスも、派手な看板も、秘書もいらないということです。今は、まさにそういう時代です。

まずは、固定費をかけない方法を考えましょう。まず自分の人件費と生活費を含めて、一か月の固定費がどのぐらいかかるかを細かく出します。起業するということは、まず収支を考えることと言っていいのです。

起業する人は、みんな夢を追うので、売上を結構高めに設定する傾向があります。また、

固定費がもっとかかるはずなのに低めに設定する人がいて、そうなると、儲かっているふうに見え、「これって簡単に儲かるよね」と考えてしまいます。実態を冷静に見ましょう。

起業時に必要なモデリング

甘い計画を立ててしまうのは、分析をしないということでもあります。「やむをえず起業」の人はまず、サラリーマンの時にもらっていた金額を追ってしまいます。そこから逆算して、売上を作ろうとします。給料が三〇万だったら、固定費などが引かれるとして、売上は一〇〇万ぐらいあればいいかなと考える。でも、「その一〇〇万円の売上はどうやって作るんですか」と言ったら、その計画が甘い。例えば、コンサルタント業をやる人であれば、二〇万の仕事を五件受けたら一瞬だ、と考える。「その客をどこから見つけてくるのか」ということを考えていないのです。数字だけを見て、簡単にできると思ってしまいます。

事業計画性の成功パターンとして挙げられるような人は、例えば、マーケティングをある程度は自分でします。まずはやり方をマーケティングのプロに聞く人もいますし、自分でネットで調べる人もいますが、できる範囲で自分でやってみます。

自分から動くというのは重要です。事業計画を自分で考えていなかった人は、人に依存します。全く計画性がなく、相談したら何とかしてくれるだろうと思っています。銀行に行っても、相談したら何も言わずにお金を貸してくれるだろうと考えている。そして自分の信用度がわからないから、なんでも正直に答えてしまいます。

お金を借りるためにはどうしたらいいかというのは、まず起業のスタート地点です。それがわかっていない人は、失敗します。銀行はお金を貸すかどうか判断するために、生活力を見ます。つまり、生活資金は銀行では貸してくれないということです。それなのに、生活費に不安がある人は、そのことを正直に話してしまう。結果、ＮＧワード連発になって、借りられなくなってしまったり、金融機関にとってマイナスのイメージが付いてしまったりします。お金の借り方にもテクニックがあるのです。

そういうことは、サラリーマンをしているとなかなか得られない情報なのですが、まずは周りで起業している人に聞けばいいのです。さらに言うなら、起業して、最低三年以上経っている人に聞くことです。一年目だと、起業人としては一年先輩であっても、基本的に何も見えていない人が多いですから。

三年以上事業をやっている人であれば、基本的に借入金も存在するはずです。そうすると、どんなやり方をしたという方法論や失敗談を聞けるんです。サラリーマンだけをやっていたら知らない情報ですから、サラリーマンに聞いてはだめです。起業したいと考えているサラリーマンに「起業したいんです」と言って話を聞いたところで「やめとけ」と言われるのがオチです。

サラリーマンとは一八〇度考え方が違う

「わがまま起業」の人には、一年ぐらいで独立をあきらめて、またアルバイトやサラリーマンに戻る人が非常に多いのです。そういう人を見ていると、もう一年我慢して、ずっとやればよかったのにと思います。

そういう人は、今まで守られてきたぶん、精神力がちょっと弱い。一年間耐えるというのは、結構な精神力を使うことですが、そこを耐えないと、それまでの準備がすべて無駄

起業前のチェックシート

□なぜ会社を辞めて独立したいのですか？

もし、会社が嫌だからという理由だけで起業をするなら、とても危険。それは今の会社から逃げているだけで、ただ単に楽になりたいだけです。

□労働者として雇用されているメリットを捨てる覚悟はありますか？

労働者なら、毎月ある程度の一定額が決まった日に振り込まれます。しかも、健康保険は会社が半分負担。これが独立後は立場が逆になります。みなさん意外とこれに気付かない。また、労働者なら勤続年数などが社会的信用につながりますが、独立した途端に社会的信用はほぼゼロになります。例えば年収1000万円の経営者と、年収300万円の公務員・サラリーマンがいたら、金融機関がすんなりお金を貸すのは後者です。経営者は今回年収が1000万円でも、来年下手をしたら0円になる可能性もあるからです。

□起業後のリスクをすべて負う覚悟が、本当にありますか？

今までは失敗しても（損失を与えても）会社が負担してくれました。でも、独立した途端にすべてが自己責任になり、下手をすれば、従業員のせいで会社の経営が傾くことも。最悪、それらをすべてのリスクとして負う覚悟ができていますか？

□その独立、今までの経験に沿った独立ですか？

会社を辞めて独立し、銀行などから借り入れをするときに、絶対に聞かれる質問です。例えば、今まで鮮魚店に勤めていた人が、経験のないHP作成ビジネスをやるとしたら、成功する説得力が薄いですよね。土地や建物など資産があれば別ですが、銀行はお金を貸さない可能性が高いのです。申込書には必ず代表者の経歴を書く欄があります。独立するなら自分の経験を生かした業種にしましょう。

□自分自身で商品を作れますか？

これからは自分で商品を考えなければなりません。「今世の中で何が求められているだろう？」ということから今までの商品は生まれています。要するに、他人（相手）の視点です。相手が求めているものをすばやくキャッチして、それを商品化する。この繰り返しになります。

□あなたの1か月分の生活費をきちんと把握していますか？

会社を辞めたら、基本的に収入がいったんゼロになる可能性があります（むしろ支出しかないかも）。なので、6か月分の生活費を用意しましょう。撤退することになっても、収入0では暮らせません。たとえすぐに働いたとしても、給与が出るのは、少なくとも1か月以上先。もし、その時に病気やけがなどしたらアウトです。私は最低6か月分の用意をおススメします。

になってしまいます。それは不幸ですよね。

副業でコツコツやって、起業の準備に一〇〇万ぐらいのお金をかけながら、結局辞めてしまう。そういう人がいるから、コンサルタントが儲かるということもあるかもしれません。でも、もし私がその方のコンサルタントにつくならば、その人を手伝ってあげたいと思いますから、「やめたら許さないぞ。もしサラリーマンに戻るとしても、サラリーマンをやりながらでもできることはあるだろう。土日を使って事業はやろうよ」とアドバイスします。サラリーマンに戻っても、一生安泰かどうかなんてわかりません。そういう思いがあったから、あなたはサラリーマンを辞めて自営をやろうと思ったんじゃないですか、と怒ってしまいます。

サラリーマン生活に慣れている人は、権利だけは主張しても、縛られている縄をほどこうとはしません。そのくせ、「会社が自分の能力を認めない」と文句を言います。

会社できちんと能力を認められている人は、基本的に顧客との付き合い方が上手です。自営業とサラリーマンとでは違いますから、そういう人が自営業をやっても必ずしも成功するとは限りませんが、成功する確率はかなり高いのです。サラリーマンでも自営業でも、仕事の基本スキルでは共通する部分が多いのは当然です。長けている能力は、やっぱり生かすべきです。

だからといって、今の会社の派閥が嫌だから、辞めて自営業をやって成功するかといったら、それはまた別の話になります。その覚悟を決めて、一回でも二回でも泥水をすすったことがある人のほうが、やっぱり強い。三回地獄を見て、今では年商一億円ぐらいあるという経営者の方の話などを聞いていると、同じ経営者として、説得力があるし、すごくよくわかります。

「成功」に定義はない

経営者の方の失敗談や成功談を聞くのもいいと思います。成功している人ほど、「お忙しいですか」と聞くと、「自分はいつも暇だよ」とか答える場合もあります。そういうふうに言わないとその人に仕事がこないし、余裕を見せるという面もあります。クライアントも、余裕がない人には仕事を頼みたくないですからね。優雅に水面を泳いでいる白鳥が、じつは水面下で一生懸命足を動かしているように、そういう人ほど、裏ではじつは血のにじむような努力をしています。

それを表面だけ見て、余裕があると思って、同じように過ごそうと思ってもダメです。陰の努力は必ず成功する要因になります。努力する中で、当然失敗もたくさんあるわけです。それを積み重ねて、じゃあ、前回これで失敗したから今度はこっち、こっちでも失敗したら今度はこっちと選択肢を見つけていくわけです。正解を見つけるためには、その経験が大切です。

逆に言えば、「成功した」と言っても、成功の定義とはなんでしょう。毎日仕事もしないで生活するのが成功なのか、明日生きていたら成功なのか、家族が幸せなら成功なのか、あるいはご飯が食べられたら成功なのかもしれない。人生の成功者とか、よく言いますが、心の中では、自分が成功だと思ったら成功。つまり、幸せとは、小さな成功の積み重ねで得られるものだと思います。

他人の能力や時間やお金を活用する

他人の能力や時間やお金を活用するというのも、賢いやり方です。よく、自分のできることを自分できちんとやるべきだと言いますし、私もそう思います。また最初はやっぱり一円でもケチりたいものです。でも自分の勉強と言いながら、なんでもかんでもあちこちに手を出すと、それは大抵お金にはなりません。

例えば、会社を作りたいと考えて、勉強して自分で会社を作るとします。でも、その作業には時間ばかりかかって、結局一円にもなりません。プロが作ったら、例えば二週間とか一か月でできるものが、自分たちで全部やっていたら何か月とかかるわけです。その間、お金は全く生みません。自分でやろうとすることで時間ばかりかかり、お金も生み出さない。だったらそんなものはプロに任せてしまって、自分でできることをやる。逆に私たちコンサルタントの立場から言ったら、私たちではできない部分こそ、自分でやってくださいという思いがあります。あなたにはあなたのできることがありますよということです。自分にとって何が重要なことなのか、優先順位を決めてやる。これが一番大事なことです。なんでもやろうとせず、優先順位の高いもの、自分にしかできないものから最優先でやることです。

ピンチはチャンス

お金に関するスキルというものは、学校では絶対教えてくれません。なぜかと言えば、そんな学校はないからです。あるとしても、自分の資産をどうやって増やそうかという投資の学校のようなレベルですね。そこには当然リスクも伴いますし、そうそううまい話はありません。そういうことは、経験して初めて気が付くものです。私自身が十分経験してきましたから、みなさんにはできれば悪い経験をしてほしくないと思っています。

よくある相談で、支払いに困ったとか、約束していた入金がないとか、運転資金が足りないというトラブルがあります。では、そうなったらどう対処するか。お客さんから入金がなかったら「早くお金を払え」と言うことも可能ですが、時間は待ってくれません。自分たちが仕入れをしなければいけないなら、そういうリスクまでを常に踏まえて事業を回すことが一番いいのです。

資金ショートは経験してほしくないことですが、起業するとほぼ必ずどこかで経験します。これが、サラリーマンだったら、お金が回収できなかったところで別に自分たちの給料は下がりません。でも、自分が起業してやるようになって、自分たちの会社に入金がなかったら自分自身がまずいことになります。できればそういったリスクは少ないほうが良いのですが、これはチャンスとも考えることができます。ほかの人が経験できないことを経験できるということです。これはある意味ピンチではありますが、私自身はこうした悪い経験をたくさんして、それを踏まえた上で、チャンスに転化してきました。

お金の感覚を変えよう

これから起業される人に特に心がけていただきたいのは、毎月決まったときに必ずしもお金が入るわけではないということです。勤めていれば毎月二十五日とかに給料が入ってきますが、起業して人を雇うと、今度は払う側に回ります。返ってくるはずのお金がない上に、ローンを組んでいたり、支払いがたくさんあったりすれば、アテにしていたものが崩れてしまって、心が折れそうになる局面もあります。

でも、起業家は心が折れてはいけません。ここで考え方の転換が必要になります。つまり、貯蓄より投資。雇用安定よりビジネスチャンス。要するに、安定収入依存症から脱却ということです。自分で、お金の流れを把握しなければならなくなります。

こういうふうに考えていくと、起業とは面倒くさいものです。でも、それなりの楽しみはあります。サラリーマンはサラリーマンの楽しみが当然ありますが、どうせ人生一回しかないわけですから、やりたいことをやって、いいも悪いも自己責任でやったらいいと、私は思います。この喜びは、やった者にしかわからないことです。当然うまくいけばやってよかった、うまくいかなくなるとやらなきゃよかった、と思うこともあります。でも、どちらの結論も、やったからわかったことです。

私もそうです。父親ともめて会社を辞めて独立したときに、辞めなきゃよかったと思うようなことは確かにありました。親の言うことを聞いて普通に暮らして、遊んでいてもよかったんじゃないか、とか。「ぼんくら二代目」をやっていればよかったと思ったこともありました。でも今はその経験を生かしてビジネスをやっているのでしあわせです。今さら会社員に戻ろうとは全く思わなくなりました。

失敗の法則を学べば失敗しない？

キャッシュがあるとなぜ成功するのか。当たり前の話ですが、お金があれば何でもできるものです。お金さえあれば、赤字だろうと黒字だろうとずっと事業をやっていけるわけです。もちろん、成功するかどうかというのは別の話です。成功している人たちには、やはり何か共通点はあるんですが、突拍子もない人たちが多くて、千差万別です。

派手な暮らしをしている人を見て、ああなりたいと思うことはいいでしょう。ただ、きらびやかに派手な生活をしている人たちの中には、裏を返すと綱渡り状態のような危ない生活をしている人もかなりいます。だから、失敗要因を学ぶようにしてください。失敗の法則だけ学べれば、同じような失敗をする必要がないわけですから。ただ、それでも失敗はします。断言しますが、経営をしていると失敗は必ずするものです。そのときに失敗を失敗と思わないこと。これは次の勉強なんだと割り切ることです。

キャッシュフローの重要性

キャッシュフローという言葉がありますが、ご存じでしょうか。銀行や税理士さんは、「今日は、キャッシュフローがどうだ」などとよく言っていますよね。

簡単に言えば、キャッシュフローとは「資金の流れ」のことです。資金の流出をキャッシュ・アウトフロー、資金の流入をキャッシュ・インフローといい、両方を合わせてキャッシュフローというのです。

ここで重要なのは、会計上の売上の利益があっても、実際に手元にお金がない状況が、経営をしているとよく起こるのです。仕事をしていて、売上を立てたらその場でお金をもらえる仕事って、意外と少ないですよね。大抵の場合、売上を立ててからお金をもらうまでに、タイムラグがあるわけです。これが法人相手になると非常に多くなってきます。

ちなみに私は青果卸業を経営していますので、その例で言いましょう。売上を立ててから、実際にお金が入るまでは、九〇日です。一か月の売上が、わかりやすく一千万円あったとします。九〇日後にもらえるお金が一千万円ということです。では、この九〇日の間に出ていくお金はいくらかというのがキャッシュフローの話です。

一か月に一千万円が出ていくとすると、三か月ありますから、出ていくお金は計三千万になります。三か月後に入ってくるお金が一千万円なので、このままの状態で行くと常に二千万円お金が足りなくなります。ずっと貸したままということです。

この状態から、さらに売上を増やしたらどうなるか。月の売上が二千万円増えたとします。でも、お金が入ってくるサイクルは一緒です。そうすると、支出二千万円×三か月で、三か月後には六千万円が出ていき、入ってくるお金はやっと一千万プラス二千万で三千万。売上を上げれば上げるほど、立て替えが増えることになります。これは、三か月後にお金が入ってくることを前提に計算していますが、仮に三か月後にお金が入ってこなかったらどうなるか。一気に三千万円の借金ができます。だから常に、キャッシュフローを意識していないといけません。

私の業種は極端な例かもしれませんが、法人相手なら、月末締めの翌月末払いが普通だと思います。そのとき、特に商品仕入れがある人は気を付けないといけません。自分の人件費だけで済むなら大して痛手は被らないと思いますが、仕入れをやっていて支払先があるとなると、この状態はかなり危険です。ただ、これでも計算上は利益は出ていることになっています。そうすると、前払いで税金を払っていることになります。確定していないのに税金を払うわけです。

不思議なものです。経営イコール金がなくなるようなものですから。そこを理解しながら経営していかないと、儲かっているのにどうしてお金がないんだろう、ということになるわけです。だから、単にお金があるかないかではなく、お金がどんな形であれば経営はできるかを考えましょう。

取引先への支払いや、金融機関への借り入れの返済ができなくなると、信用を失います。信用は、経験がものをいうので、お金ではなかなか買いづらいものです。起業してから誰もが苦労するところで、たぶん経営している間、ずっと苦労するものだと思います。それがキャッシュフローの重要性なのです。ただしそれを、苦労と思うか思わないかは、あなた次第です。

第3章

ビジネスモデルを構築せよ

成功するか否かはスタート前に決まる

個人が起業、つまりスモールビジネスをスタートさせる前に、十分にリサーチし熟考し、シミュレーションをしておきたいのが、ビジネスモデル創りです。

多くの起業家はいきなりビジネスをスタートさせようとしますが、成功しようと思ったら、ビジネスモデルを熟考する期間が欲しいものです。

単に何かの資格を持っているから開業するとか、会社を辞めたから仕方なしにとか、ビジネスをスタートするにはいろいろな事情があるでしょうが、どんな事情でスタートするのであれ、何をするのであれ、ビジネスモデルを明確にしなければスタートしてはならない、と断言してもよいでしょう。

目的地も明確でないままとりあえずスタートする場合と、目的地を明確にしてスタートする場合を考えてみてください。言い換えれば、カーナビに目的地を入力して出発するのと、カーナビも設定せずに行き当たりばったりに進むのとでは、結果は自ずと違ってくるというのは、誰にでも想像できるでしょう。

あなたはどこに行きたいのかを明確にしなければいけません。例えば、売上高や従業員数などの規模や、収入をいくらにしたいのかなど。もちろん、技術やノウハウを世に問いたいという願望でもかまいません。

いずれにせよ、何を提供し、自分はどうなりたいのかを明確にしてからスタートすることが肝心です。

ホンダの創業者である本田宗一郎氏は、終戦後、一年間の休養期間中に世の中の動きを見て本田技研工業を設立していますし、孫正義氏も、数十センチの厚さになる事業計画書を作ってから事業をスタートしたといいます。そうやって、圧倒的に一番になれる分野を創ったのです。

私も、新規事業を立ち上げる時は必ず、ビジネスモデルを明確にしています。現在もある会社に出資して新事業を立ち上げているところですが、ビジネスモデルを熟考した上で出資し、スタートをしています。

よく「川瀬さんはたくさんの事業をスタートしていますが、失敗したことはないのですか」と聞かれますが、失敗する可能性を低くしてから事業をスタートしているだけのことです。

一方でいきなり事業をスタートさせ成功するというのは、一か八かのギャンブルに近いものがあります。経済産業省発表の最新の「中小企業白書」によると、起業して一年で約四〇パーセントが倒産し、二年目でさらに一五パーセントが倒産します。三年目で一〇パーセント弱。つまり起業から三年間で約六五パーセントの会社が倒産するのです。この数字からも、成功がいかに困難であるかがわかるでしょう。倒産までいかずとも、傷を負いながらビジネスを進めるのは本当に難しいことです。

特に多額の借金があったりすると、大胆に事業を進めることすら困難になります。何よりも時間という経営資源は取り返しがつきません。

だからこそ、「紙の上では何度失敗してもかまわない、むしろ失敗する事業計画を作りましょう」と、いつもクライアントさんに伝えています。

ビジネスモデルの明確化が大切だということを何度も繰り返すのは、失敗してしまうと、そのあとのリカバリーが難しくなるからです。

本当にやりたいことを明確にする

自分が本当にやりたいことと、単に好きなこと・興味のあることということは、ちょっと違うのではないのかなと思います。自分に知識がある、または経験があることに関しての事業を始めるというのが一般的なケースですが、それが本当にあなたが起業したい内容なのかどうかを、もう一度心の奥底に聞いてみてください。

ただ単に、お金を稼ぐ手段としてやるのであれば、全然かまいません。お金を稼ぐ手段としてやりながら、自分の心の奥底にあった、本当はこれがやりたかったというところまでたどり着けたら一番いいのですが、そこをきちんと割り切れないで、心の奥底で悶々としながらやっていると、その隙をつかれてどこかでうまい話に引っかかり、破産するというケースにつながることが多いような気がします。

「最終的に何をやりたいのか」だけはきちんと把握しておかなければいけないと思います。

当然、最終的な目標があっても、回り道はたくさんしてかまいません。今のビジネスより儲かる仕事や、自分がもっと楽になる仕事というのが、だんだん見えてくるので、方向転換するのは当然ありだと思いますが、選択するときのヒントとしてあなたの「目標は何か」というところを明確にしておきましょう。ただ単にお金をたくさん稼ぎたいのか、それとも仲間をいっぱい増やしたいのか、自分が思うしあわせを目指して暮らしたいのか。それは人それぞれの目標があるでしょう。

起業する上で問題になってくるのは、目標がはっきりしていない人が多いということです。目標を定めることで、いろいろなものが見えてきます。

ビジネスモデルとはいったい何か

あらためて、ビジネスモデルとは何かを定義しておきましょう。本書は、学者の書いた本ではなく、現役の起業家のための本ですので、スモールビジネスオーナーに対して、わかりやすい表現をしていきたいと思います。

一般的な「ビジネスモデル」という言葉の使い方を見ると、「あの人はこういうビジネスモデルで成功した」というような、後追いでビジネスモデルを語ることが多いようです。ただし、そこで語られるビジネスモデルとは、「こういうお金の流れでこういうビジネスをしました」という、すでに完成されたモデルのことであって、皆さんがこれから創ろうとするビジネスモデルとはちょっと違ってきます。

ここで皆さんに創っていただきたいビジネスモデルとは、「こういうことがやりたい」ということを、お金の問題もからめて具体的に想定したモデルのことを言っています。

定義するなら、ビジネスモデルとは、「継続して顧客に価値を提供し続け、適正な儲けを得る仕組み」です。

一時的に売れるのではなく、継続的に儲かる仕組みを創ることこそが繁栄する近道です。

ビジネスモデルを考えるときには、私たちは、つい業種をイメージしてしまいがちです。「あなたは何のお仕事ですか？」と問われて、何と答えるでしょうか？

「印刷業です」「エステサロンです」「ヒーラーです」「ビジネス書作家です」「ビジネスコーチです」実にさまざまな答え方があります。私の名刺ファイルにある名刺の肩書きも、実にバラエティに富んでいます。

しかし、「どんなビジネスモデルですか？」と問われれば、どう答えるでしょう？　何の価値を顧客に提供し続け適正な儲けを得ているのだろうか？　どこで儲けているのだろうか？　顧客は何に満足して対価を払っているのだろうか？　明確に答えられる人は少ないでしょう。

「印刷業」と一口に言っても業務内容は多種多様です。データ納品されたものを印刷だけするところもあれば、ネットを活用して印刷したり、デザインまで請け負うところもあればコンサルティングをするところもあるでしょう。業種だけではわからない、儲けの源泉はどこかを明確にすることが、ビジネスモデル創りの大切さと言えます。

一見どうやって儲けているのだろうかと思える、街のひなびた金物屋さんや、都心にある単価千円くらいのパワーストーンのお店、無料で配布されるスマホのアプリ。どれもビジネスモデルを明確にして時代に合いさえすれば、成功しています。

ビジネスモデル創りは、選択をするということ

ビジネスモデルを決定する際に重要なことは、以下の公式によって表すことができます。

事業の成功の条件
＝事業の選択×ノウハウやスキル×努力×時間

仮にどれだけノウハウやスキルがあり、努力もして時間もかけたとしても、顧客のニーズがない事業や儲からない事業や斜陽産業、競合の多い事業を選択したらどうなるでしょう？

一時期、ホームページ制作の会社が雨後の筍《たけのこ》のように起業され、企業のホームページ制作で大きな利益を上げることができました。ところが今や、価格破壊が起こり、ちょっとしたホームページなら無料で誰でも簡単に作ることができる時代になってきています。よほどの技術を持つか、差別化が図れない限りは、新規でホームページ制作の会社を立ち上げるのは厳しい時代と言えます。

また現在は、税理士などの士業にとって厳しい時代です。税理士は顧問料で毎月一定額が入り、決算期には数十万から数百万の報酬を得ることができましたが、それも一昔前の話。いまは価格破壊が起こり、ネットで検索すれば三〇〇〇円ほどから依頼できる時代です。

既定のビジネスモデルをなぞるだけでは、成功は厳しいということです。士業の資格保有者の平均年収が少ないのも、うなずける話ではあります。

ビジネスモデルを検討するということは、適切な事業を選択するということにほかなりません。時代の流れは速いですから一度ビジネスモデルを創れば永久に大丈夫ということはありえません。常に時代の流れを読むことが必要となります。

では、具体的にビジネスモデルを創っていくためには、どのように考えていけばいいのでしょうか。

ビジネスモデルの検討をし、事業を選択するためのヒントを、次の図にまとめてみました。

タイムマシンに乗ってみよう

まずは、タイムマシンに乗ってみましょう。

ビジネスモデル創りに必要な要素

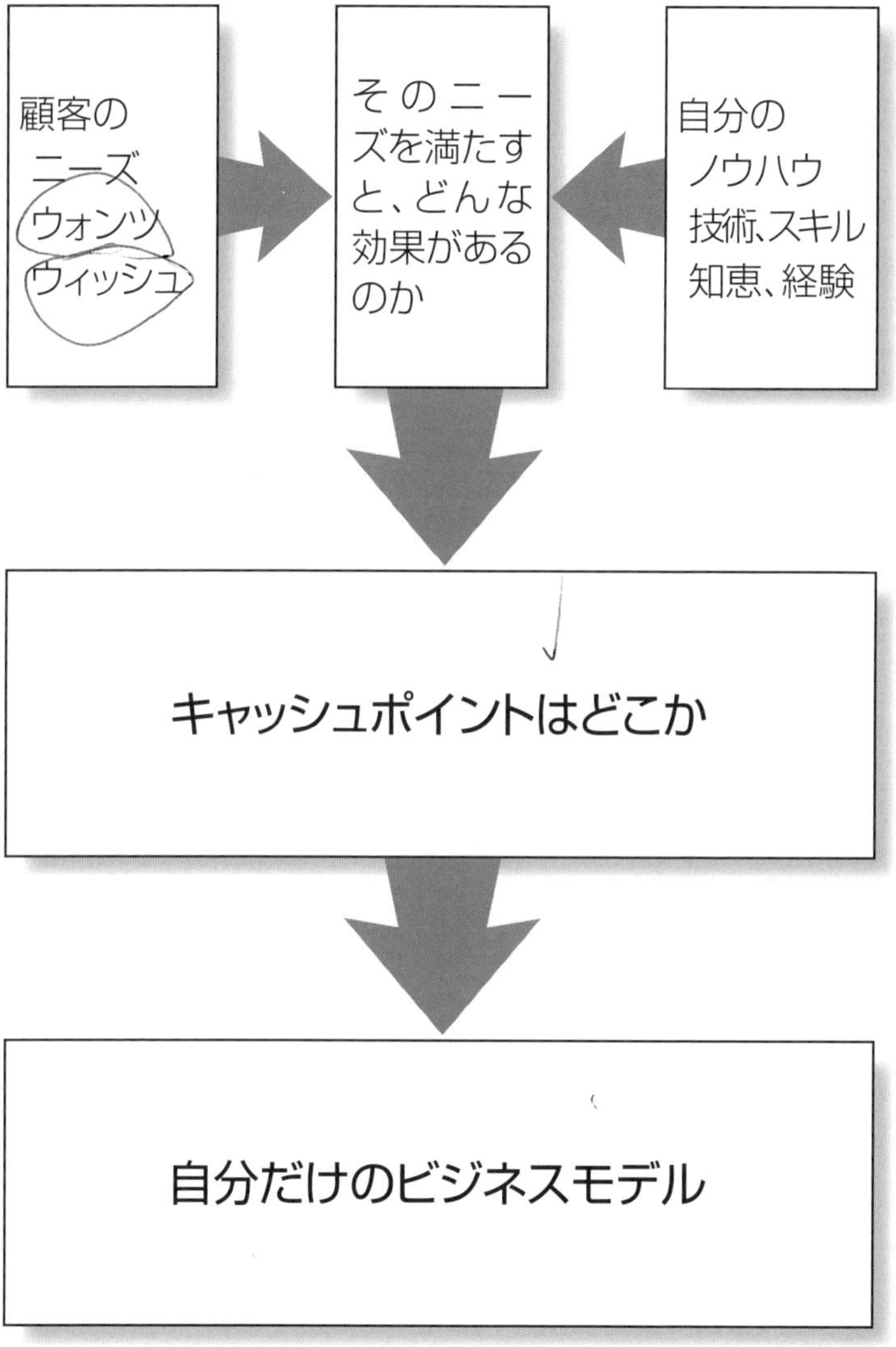
顧客の
ニーズ
ウォンツ
ウィッシュ
そのニーズを満たすと、どんな効果があるのか
自分の
ノウハウ
技術、スキル
知恵、経験
キャッシュポイントはどこか
自分だけのビジネスモデル

あなたの過去に戻ってみるのです。

子どもの頃、好きなことは何でしたか？　得意なことは何でしたか？　何をしている時が一番楽しかったですか？　大人になったら何になりたいと思っていましたか？　そう、これは自分探しの旅です。

ビジネスモデルを構築する際に、もっとも基本になるのは、「己を知る」ということです。もちろん、今現在、何をやりたいかが明確であれば、問題ありません。ただ、「やむをえず起業」の人には、自分が何をやりたいかがあまり見えていないという現実がありますす。そのために、自分を深く掘り下げて、本当にやりたいことを探る作業が必要になります。

そもそも自分はなぜ起業したいのか、あるいは起業に限らず、何をしているとうれしいのか、ワクワクすることを浮き彫りにすること、そして自分の強みを明確にすることが重要です。

本当にしたいと思うことをビジネスにすることが成功の近道です。まずは、何の制約もないとして、本当にやりたいことは何かを書き出してみましょう。それには、あなたの経験を振り返ってみることからスタートするのがいいと思います。何が楽しかったか、やりがいを感じたか、そして、なぜやりがいを感じることができたのか？　一方で、苦痛だったこと、やりたくないこと、つらくて思考停止になるようなことも、詳しく書き出してみましょう。また、あなたのスキル・資格や、上手にできることも明確にしてみましょう。

　自分しか見ないものですから、見栄を張ってあれもできるこれもできるとする必要はありません。これは好きでできるがこれはきらいだ、程度のことでかまわないのです。この作業を通じて、あなたの個性の輪郭が明確になるはずです。

　私も、起業したいというクライアントには、以上のようなことをまず書き出してもらうことから始めます。そして、そこに整合性があるかどうかを見ます。例えば、一〇年間ＳＥをやっていたのに、得意分野にパソコンという単語を書いていない人がいました。普通だったら考えられないことですが、よくよく掘り下げて聞いてみると、その人は、じつは、人集めとか、イベントを企画するのが好きだということがわかりました。

　そういうことを自覚せずに、自分はＳＥだったからコンピュータ関連の事業をするべきだ、と思いこんで始めていたら、とんでもない失敗に陥っていた可能性もあります。

ニーズを正しくとらえる

タイムマシンの旅はまだ終わりません。今度は未来へ行ってみましょう。

自分の進みたい方向が見えてきたら、その方向に未来はあるのか、を観察するのです。鉄鋼業や繊維産業が花形だった時代がありました。今は、情報産業が花形だと言っていいでしょう。じゃあ、一〇年後、二〇年後に、その産業にはどれだけニーズがあるでしょうか？　そうした世の中の流れをある程度読んだ上で、ビジネスモデルを創る必要があります。

これは、顧客のことを徹底的に知る作業でもあります。あなたを必要とする顧客は、どこにいるのか？　顧客の必要としているものは何か？

顧客のニーズ（必要とする商品）とウォンツ（欲求を満たす商品）、ウィッシュ（こうなりたいという欲望）を確認する必要があります。

自分のやりたいことばかりを重視するあまり、往々にしてあるのが、自分の商品はすばらしいからといって、顧客のいないところで営業活動をしてしまう。あるいは、営業活動そのものにあまり労力を割かない。その結果、世の中はわかってくれないとか、自分は時代の先を行き過ぎていて顧客がついてこられないのだなどと、自己満足に終わってしまう人もいます。

顧客のニーズを知るためには、次のことをやってみるといいでしょう。自分が提供しようと考えているサービス・商品と、似たものを提供する企業や個人の顧客になってみるのです。ネットで検索すればそういうものは比較的簡単に探せるはずです。実際に販売主やサービス提供主に会ってみるというのも方法の一つです。

実際にその仕事はどこで儲けているのか、どうやって集客をしているのか、提供している商品の品質はどうなのか、大胆にチェックしてみましょう。

皆さん、志はとてもあって、こういうことをやりたい、これは誰もやったことがないはずとか言うのですが、詳しく調べてみると、過去においてまったく同じものであったり、同じでなくても似たような事業が見つかります。それがなぜ今ないのかというと、それは儲からないからないのだとか、欲する人がいないからないのだということが、わかってくるわけです。

だから、ある程度のリサーチとマーケティングは絶対必要になります。ただ、そういうことを相談に持っていくときは、きちんとした相手に話すようにしないと、ひょっとしたらすごくいいアイデアなのに、起業する前だから資金力や人脈がまだないというだけで、その二つを持っている人にアイデアを持っていかれてしまう可能性もあります。

今までみんなが手をつけていないところに、市場がないわけでは決してありません。何らかのデメリットなり、壁なりがあるなら、そこをどう乗り越えるかというところに力を注げばいいだけです。そのための調査なら、専門家に任せたほうがてっとり早く、かつ効果的な情報を集められる場合があります。

商品を明確にする

顧客の要望と自分のできることが明確になったら、次は、その商品の特徴や効果を明確にすることが重要になります。

顧客にとって、あなたの商品を選んだらどんなメリットがあるのか、何を達成できるのかということを明確にします。また価格はいくらが適正なのか、単品販売がいいのか複合販売がいいのか、ラッピングはどうするのか、アフターフォローをつけるのかなど、さまざまな検討が必要となります。

漠然としすぎていて考えにくいなと思ったら、まずは、自分のやろうとしている事業が、問題解決型のビジネスか、欲求を満たすタイプのビジネスか、を考えてみましょう。

あらゆるビジネスのほとんどは、顧客のニーズから考えた時、この二つのどちらかに分けられます。問題解決型とは、修理業や医療業、税理士のような士業など、困った事態や相談に対応するタイプのもので、欲求を満たすビジネスとは、流通業や飲食業、映画産業など、楽しみや質の高い生活を提供するタイプのものです。もちろん、この両方にまたがるようなビジネスも多数存在します。

こういう分け方をしていくことで、対象となる顧客の姿も見えてきます。問題解決型ビジネスの顧客とは、何か困った状況に置かれている人、フラストレーションを抱えている人、それを自分の手で解決する術《すべ》を持たない人と言えるでしょう。欲求を満たすビジネスの顧客は、より良い生活を求める人、物欲を満たしたい人、今の生活に満足していない人、などと言えます。

顧客の顔が見えることで、商品の売りを明確にすることができます。似たような業種がたくさんあるのなら、自分のビジネスには、何か特性を持たせなければ埋もれてしまいます。そこが、あなたのビジネスの強みとなるところであり、ほかのビジネスと比べてどうやって際だたせるか、どうエッジを効かせるか、が勝負となります。

私たちは決して、スティーブ・ジョブズのように、何かまったく新しいもの、見たことも聞いたこともないようなビジネスを創出しようとしているわけではありません。同じような分野で儲けようとしている人はたくさんいるはずです。その中に、あるいは隙間に入っていって、勝負しようというのですから、何か目立つ武器を持っていきましょう。

もちろん、自分でビジネスを創出しなくても、フランチャイズだっていいのです。あるいは、事業を買い取ってビジネスを始める方法もあります。こういう場合は、ビジネスモデルがある程度完成している業態ですから、乗り方さえ間違えなければ、大きな失敗は避けられるでしょう。

儲けどころを探る

商品がはっきりすれば、あとは、儲けどころ、つまりキャッシュポイントの明確化です。キャッシュポイントのパターンと言われるものには、以下のようなものが挙げられます。

・１ to １　　直接顧客から売上を得る方法
・フリー配布　　無料で配布して有料版で儲ける方法
・プラットフォーム　　顧客が集まる場をつくり別のクライアントから儲けを得る方法
・二次利用　　一度使った商品を二度三度使い回す方法
・替え刃法　　消耗品で儲ける方法
・デアゴスティーニ式　　繰り返し購入することで商品が完成する
・紹介フィー　　顧客を紹介してもらうことでバックを払う

以上のどれか一つを選択しなければいけないということではありません。以上のようなものを組み合わせて、仕組み化することが、ビジネスモデル創りの真骨頂です。

ビジネスモデルはなぜ重要なのか

ビジネスモデルとは?
「継続して顧客に価値を提供し続け、適正な儲けを得る仕組み」です。

⓪なぜ、そのビジネスをするのか?　使命は?(Why)

①顧客は誰なのか(Who)
どんな人の困りごとを解決しますか?
どんな人の必要を満たしますか?

②顧客はどこにいるのか(Where)
どこに行けば顧客と会えますか?
潜在的な顧客は誰でしょうか?

③何を提供するのか(What)
どんなベネフィット<顧客にとっての恩恵や満足>を提供できますか?
単に商品を提供するだけでなく、お客様への価値提供は?

④いつ提供するのか(When)
季節や時間。
時間を掛けて育成して提供する場合もあると思います。

⑤どの様に提供するのか(How)
直接なのか間接なのか。ショップなのかネットなのか。

⑥いくらで提供するのか(How much)
付加価値を付けて提供しましょう。
利益が十分に出る価格設定をする。

あなたのビジネスのカタチは?

①顧客は誰なのか （Who） 具体的に。20代女性、などはNG

②顧客はどこにいるのか （Where）

③何を提供するのか （What） 単に商品を提供するのでなく、ベネフィットは何ですか?

④いつ提供するのか （When）

⑤どの様に提供するのか （How）

⑥いくらで提供するのか （How much）

自分だけのビジネスモデルを創る

以上のようなプロセスを経て、ほかの誰でもないあなただけのビジネスモデルを創ってみてください。

ビジネスモデルを創るのに必要な六つの項目を、先にまとめました。あなたなりに書き込んで、完成させてください。

ビジネスモデルとは、「作る」ものではなく、「創りだす」ものなのです。

第4章

事業計画は必ず作るべし

イメージができないという問題を解決しておく

ビジネスモデルができあがったら、次は、具体的に事業計画を作ってみましょう。

ビジネスモデルと事業計画はどう違うのか、疑問に思う人もいるでしょう。具体的な違いは追って詳しく説明するとして、ここでは、次のように認識していただければいいと思います。

新しい自動車を作るときに、こんなデザインや機能にしたい、というデザインコンセプトの段階がビジネスモデルだとすれば、具体的に設計図を引く段階が事業計画だと言っていいでしょう。

この章では、事業計画の作り方と、起業において、事業計画というものがいかに重要になってくるかを解説していこうと思います。

行き当たりばったりでも成功する人がいることは事実ですし、計画を立てることって、みなさん苦手だと思います。私もそうです。収入があって、来月までにいくら貯めるという計画があったとしても、なかなか実行はできないものです。どこかで絶対甘えが出てきます。

ここで少し視点を変えてみましょう。例えば、旅行に行くときは計画を立てますよね？　はじめにざっと計画を立てて、それがスケジュール通り実行可能かどうかを確かめると思います。そういうことから始めればいいと思います。

計画というのは怖いもので、例えば学校のテスト勉強の計画を立てるとします。テスト前にテスト勉強の計画を作るのに時間をかけて、それだけで満足してしまうということ、ありませんでしたか？　でも、結局計画通りに勉強なんかしませんよね。計画自体は、簡単に作れてしまいます。大事なのは、どうしたら実行できるか、一つひとつ無理のない計画かどうかというのを潰していく必要があります。

計画通りに実行できない人の問題というのは、イメージができないということです。それには、長期的な目標よりも短期的な目標を決めることです。例えば一か月後の目標を立てて、一か月後の確認をするのです。最低一週間刻みでもアリです。

明日からウォーキングしようと考えた時、一年後の計画を立てる人はあまりいないでしょう。じゃあ何キロ歩こうと決める。ウォーキングをしたことがないので、最初は自分がどのくらい歩けるかわからないですから、まずは一キロとか三キロとか目標を立てて、それができたら次のステップに進みます。

フルマラソンをやっている人に聞くと、途中で諦めようと思ったとき、次の電柱まで走れなかったらやめる、走れたらもうあと電柱二本分頑張ろうとか、そういう考え方をするそうです。まずはそういった計画の立て方でいいと思います。

事業計画とは、人生計画

事業計画というのは、一つの人生計画みたいなものです。どんなふうに自分の人生を生きたいか。そこが根幹ですから、それがないとビジョンも語れないし、銀行から借り入れできないし、いろんなことがグズグズになってしまいます。事業計画があるから、プランチョイスができるし、いろいろなことの覚悟も決まるという、根っこの部分です。当たり前に大事なこと、というよりも、それがないと話が始まらないというものです。

ただし、金融機関に出すための事業計画と、実務の事業計画は違います。金融機関に出すものは、お金を引き出すため。実務のほうは、事業をうまく回すため。目的が違うのです。事業をうまく回すため、というのは、自分が振り返ってどうして計画通りにできなかったのか、を反省したり参考にしたりするためでもあります。

実務の計画の場合は目標があって、例えば年間の売上がいくら、利益はいくらか、そこから分解して、だとすると顧客が何人必要で、集客した何人のうち何人が申し込みをしないといけない。そのために、自分でこのくらいの作業をやらないといけない、と逆算していきます。売上という結果を導き出すために、その因果関係の原因となる、顧客集めが必要になるということです。そうやっていくと、一週間にアポイントをどれだけとらないといけないのか、見込み客をどれだけとらないといけないのかがわかる。それが事業計画の基本です。

売上を達成するには、例えば一週間フルで働かないといけないという計算が出るとします。そういう場合、最初の立ち上げは一週間を一四日と計算するという手もあります。朝の七時から夜の一二時まで働けば、通常の労働時間の二日分働けます。そういう計画の立て方が、最初は当たり前と思ったほうが良いでしょう。大事なのは、計画の中身を分解して考えることです。最初は数を当たらないといけないから、一週間一四日働きます。慣れてきたらだんだんコツがわかってきて効率も良くなるでしょう。だからといって、一週間一四日を一年間やり続けるというのは、さすがに無理のある計画ですから、あくまでも実行可能な計画にすることが大切です。

三年後の成長イメージ

事業計画というものは、正直言って作るのは面倒臭いものです。私自身もそうです。クライアントさんから融資のお手伝いの依頼をいただいたときに、「では、事業計画書が必要なので作ってください」と言うと、大体返信は来なくなります。作らなきゃいけないけれど、今は忙しい、とか理由をつけているのでしょう。気持ちはわかります。事業計画書を作っている間、お金は生まれないですからね。そのため、面倒臭いとは思うでしょうが、一応仕組みだけは知っておいてください。私たちはお手伝いはできますが、ご自身のプロフィールなどはわかりませんから。

三年後の成長イメージが描けるような計画書が、望ましい形です。計画書を作らせると、なぜか三か月ぐらいで黒字になっている人がいます。早くキャッシュフローをよくして、売上を立てて、と考えてそうなったんでしょうが、その計画書を精査して、この売上はどこからですか、現在お客さんはいるんですかと聞くと、いないんです。それでは、金融機関からお金を借りることはできません。逆に言えば、その数字に根拠があれば、お金を借りることはできるということです。

私の関わっている会社で、車の買い取り販売の会社があります。お客さんからの注文書を預かって、それを見せて銀行からお金を借りることができます。お客さんは注文した後にキャンセルすることもありますが、それでも注文書を見せてお金は借りることができますし、別にそのやり方は違法でも何でもありません。お客さんが一千万円のベンツを買う。会社に今お金がないので、お客さんの注文書がありますと言って、銀行に一千万円貸してもらう。本当はそのお金で仕入れをしないといけないんですが、お客さんがキャンセルしたら、仕入れる必要がなくなり、そのお金だけ残ります。もちろん、返済義務はあるので返済はします。でも、一時的に現金を手にすることができる。そういったやり方もあるということです。

三年後のイメージができるような事業計画と言いましたが、大体初年度から黒字ということは、あまりありません。だから、三年間体力を持たせないといけない。そこで、三年後のイメージが大事になってきます。三年分のお金を持っていますかと言ったら、大体持っているわけがありません。それを借り入れや出資という形でフォローします。ただ、何度もシミュレーションは必要になります。

事業計画とは面白いもので、これをやるぞと決めてから、形になるまでに大体一年ぐらいかかるんです。その中で、失敗したり、事業計画の変更をしたりしていきます。時代の流れもありますから、そのつど修正は必要になってきます。例えば消費税が上がるとなったら、その前に駆け込み需要があるだろうとなります。そういった状況次第でいろいろ変化していくものなので、常に事業計画は描いておきたい。

事業計画というほど大げさでなくても良いので、設計図みたいなものは持っていてもいいと思います。その際、やはり客観的な目は必要となりますから、専門家のアドバイスは必ず受けるようにしてください。

なぜ事業計画は絵に描いた餅になるのか

事業計画書を自分で作ってくださいと言うと、自分に都合のいいものしか作らない人がいます。何となく売上も立てて何となく利益を出して、何となく借金を返しますというような。それを三、四か月経って検証すると、当たり前のことですが、思う通りにはいっていません。

私たちが計画書を精査していると、よくこんな事業計画でお金が下りたなと思うケースもあります。とはいえ、よくこんな事業計画で、と言われたものをうまく見せるのも、私たちの仕事です。

ビジネスモデルの章でも触れましたが、自分のことをわかっている人は、意外と少ないものです。私もそうでした。私は以前、自分に似合っているのは八百屋だと本気で思っていましたし、今のような仕事をするとは夢にも思っていませんでした。でも、いろいろな方のアドバイスを受けるなかで、これが向いているんじゃないかと考えて試行錯誤するわけです。自分のやりたいことは当然その先にあります。ただ、行く道は一つでいいんですが、回り道も必要になってきます。計画通りにはいかないのが当たり前です。回り道は当たり前だと考えたほうが気は楽です。どんな道であれ、成功か失敗かというのは自分自身でしか決められません。だから、自分自身でその目標を決めていただけたら、私たちはその行きたい道に力を貸すことができます。

自分を知るということは、自分の弱みを把握するということでもあります。自分の強みは自分では意外にわかりません。そこはきちんと、アドバイザーやコンサルタントに強みを引き出してもらうことがお勧めです。不得意分野は、誰も持っていて当たり前です。そこでは他人の力を絶対借りてください。そのときだけ借りて、基盤さえできてしまえば、あとは自分でもできることになるかもしれません。

事業計画書に必須の9項目

それでは、具体的な事業計画書の書き方について、詳しく触れていきます。事業計画書には、決まったフォーマットや書式というものはありません。ですが、ここは外してはいけない、必須の項目というものが九つあります。それを一つずつ見ていきましょう。

1．事業サマリー（まとめ）

これだけ読めば全体がざっとわかる、概要です。ここがもっとも重要になりますから、第三者が客観的に読んでわかりやすい内容を心がけましょう。事業の動機やミッション内容、目標もここに入れておくと、より全体がわかりやすくなります。

2．会社概要

自社がどんな会社なのかというプロフィールです。資本金、事業分野の経験年数、保有資格や所在地を記入します。あなた個人のプロフィールも含まれると考えてください。

3．製品およびサービス

どんな製品やサービスを提供するのかという事業内容です。仕入れはどうするのか、強みや特徴などを具体的に記入します。

4．市場環境

その商品の市場規模やニーズ、顧客のターゲットを明確にし、成長性なども具体的に提示します。競合する企業などがあれば、その分析と評価も行います。表やグラフなどで示せれば、よりわかりやすくなります。

5．競合優位性

先行企業との違いを、品質、提供方法、価格、アフターフォローなどについて示します。差別化を図り、優位性をアピールするためのものです。

6．営業方法

その製品やサービスを、顧客にどのように伝え、売上につなげるか、という手段の部分です。「市場環境」の項目で触れたマーケティング情報ともリンクして、販売促進方法などを明確にします。

7．経営プラン

事業を運営するために必要な人材や取引先、パートナーなど、事業展開をどのような仕組みにするか、提示します。「営業方法」の項目とあわせて、戦略と言える部分です。

8．リスクの回避方法

想定されるリスクについて、課題を抽出し、回避方法を明確にします。いわゆるリスクマネジメント、危機管理能力のアピールです。事業が立ち行かなくなった場合の撤退の条件もあると良いでしょう。

9．資金計画

現実的な収支予測、資金調達方法を明確にします。損益分岐点も明確にしたほうが良いでしょう。また返済や配当の予定に関しても触れておくと良いでしょう。

その他、加えたほうが良い項目としては、「組織、外部のアドバイザリーチーム」があります。9項目の中では、「経営プラン」の中に含めていますが、独立した項目にしても良いでしょう。どんなパートナーと協力し、どんな組織作りをして経営していくか、ということです。特に、その中に市場とのパイプ役になれるような存在がいると、有利な条件となります。

事業計画書　9つの項目

1	事業サマリー（まとめ）	最も重要なパート。第三者にも解りやすい内容にする。この事業の動機やミッション、目標も記入するとよい。
2	会社概要	自社がどんな会社なのか、資本金、事業分野の経験年数、保有資格や所在地を記入する。
3	製品およびサービス	どんな製品やサービスを提供するのか、仕入れはどうするのか。強みや特徴などを具体的に記入する。
4	市場環境	その商品の市場規模やニーズ、顧客のターゲットを明確にし、成長性なども具体的にする。競合の分析も行う。
5	競合優位性	先行企業との違いを品質、提供方法、価格、アフターフォローなどについて具体的に明確にする。
6	営業方法	その商品やサービスを顧客にどの様に伝え、売上に繋げるか。販売促進方法などを明確にする。
7	経営プラン	事業を運営するために必要な人材や取引先、パートナーなど、事業展開をどの様な仕組みにするか提示する。
8	リスクの回避方法	想定されるリスクについて課題を抽出し回避方法を明確にする。事業が立ち行かなくなった場合の撤退の条件もあるとよい。
9	資金計画	現実的な収支予測、資金調達方法を明確にする。損益分岐点も明確にした方がよい。

数字で説得力を持たせる

以上の９項目の中で、作るのにもっとも手間のかかるのは、資金計画でしょう。資金計画には、具体的な数字が不可欠です。ビジネスとは、お金の収支によって成立するものです。その収支を明確にするためには、具体的な数字が欠かせないわけです。逆に言えば、具体的な数字があることで、事業計画に説得力が増すということでもあります。

まずは、創業時の自己資金を確認することから始めましょう。

現金、預金・貯金、保険、積立金、株式など有価証券、その他の資産というのが主なところでしょう。その他の資産としては、不動産や自動車、貴金属や絵画・骨董など、高額で売買できる物があります。これらを洗い出すことで、開業資金と当初の運転資金としてどのくらい用意できるのかが見えてきます。

ここで注意したいのは、以上の自己資金の合計がそのまま運転資金に使えるわけではないということ。まず、生活費がかかります。六か月分は見ておく必要があるでしょう。家族に関する費用や、ローン、借入金も含め、必要資金としておきます。

自己資金の合計から必要資金の合計を引いたものが、独立準備資金となります。

創業時の自己資金を確認しよう

現金	
預金・貯金	
保険	
積立金	
株価（時価換算）	
その他　資産	
A資産合計	
生活費6か月分	
家族に関する費用など	
ローン	
借入金	
B必要資金合計	
A－B独立準備資金	

収支計画は客観的に

こうしていよいよ収支計画書に手をつけることができます。

自己資金に加えて、商品やサービスの単価を決め、売上を想定して、収支計画書を埋めていけばいいのです。もちろん、経年変化を予測して、五年後くらいまでの計画書を作れれば、計画の信憑性が増します。

収支に限らず、事業計画書全体に言えることですが、三年後の成長をイメージできるようにまとめるよう、心がけましょう。そのために大事なのは、数字に客観性のある説得力を持たせること、何度もシミュレーションしてあらゆる事態を想定すること、専門家のアドバイスを得ることです。

素人考えだけでは、事業計画書はまとめられません。自分一人で考えていると、どうしても視野が狭くなり、ひとりよがりになったり、大きな見落としをしたりする恐れがあります。客観的な視点でのチェックが不可欠だと考えてください。

収支計画書（例）

項目			金額	メモ
売上高			9,000,000	売上予測
売上原価			3,000,000	原価率
売上総利益			6,000,000	
経費	固定費	生活費	2,000,000	
		家賃	960,000	
		光熱水費		
		固定費計	2,960,000	
	変動費	新聞図書費		
		消耗品費		
		変動費計	0	
	経費計		2,960,000	
営業利益			3,040,000	
控除	税金	所得税		
		住民税		
		事業税		
		税金計	0	
	保険	国民健康保険		
		国民年金		
		国民年金基金		
		保険計		
		控除計	0	
	控除計		0	
利益			3,040,000	

撤退の見極めも大事

ビジネスの世界の中では、例えば流行りのアフィリエイトが今はお金を稼いでいたとしても、三年後に継続できるかどうかはわからないといったシビアな視点で考えたほうが良いと思います。最初はいいように見えても、マルチ商法のように、どこかで儲かる人と儲からない人、加害者と被害者が生まれたりするケースもあります。

結局は何事も経験ですから、やってみなければわからないというところはあります。そこで大事なのは、撤退を見極める期日や条件を決めるということ。会社全体のタイミングや条件です。例えば、売上が下がって借り入れが五〇〇万を超えたら撤退する、などと決めておかないと、赤字がふくらんだままズルズルと続けてしまうことになります。

一度作った会社は潰さないという考え方がありますが、下手をすると、潰さないことに対してだけ一生懸命になってしまいます。潰すといっても悪いイメージばかりではありません。事業を撤退という形にして、新規で何かをやればいいわけです。そういう引き際のようなものを、最初の段階で決めておくことは大切です。経営していくと、最初のビジョンが変わってくることもあるでしょう。そうなったら変えればいいし、むしろ変えなければいけないですね。

夜の街の風俗関係の人に話を聞いたことがあります。「何のために働いているのか?」と聞くと、いろいろ理由があるんですが、貯金が二〇〇万できたら店を持つとか、いつまでに絶対やめるという信念を持っている人が多い。五年も一〇年もダラダラいるのではなくて、どこかできっぱりとやめる、それには、何か目標が必要です。

たしかに、やめどきが見極められないとき、今やめたらもったいないんじゃないかと思うときもあります。投資と同じです。株価は上がっても、すぐ下がってきます。下がっているときに自分がいくらになったらやめるのか決めておかないと、いつまでも売れません。経済用語でサンク・コストという言葉があります。回収できないほどかけてしまう資金のことです。ここまでいったらもっといかないと元が取れないから損だと思ってしまうために、回収できないほどお金をかけてしまうということです。撤退の見極めが大事です。

昔は会社を潰したり撤退したりすると、経営者が無能と言われることもありましたが、今はもう、関係ありません。納得したら次の事業に行けばいいだけです。

リスクの回避方法のところでも触れましたが、事業計画においても、事業を撤退するという選択肢は、想定しておくべきです。撤退の見極め条件をあらかじめ決めておきましょう。

会社を清算するには、いくつかの方法があります。次頁にまとめておいたので、参考にしてください。

事業計画書の実例

参考までに、事業計画書の実例をいくつか挙げておきます。ここでは金融機関から融資を受けるために提出することを前提に見てみましょう。良い見本と悪い見本がありますが、ざっと見てわかるのは、決まった書式はないということです。

実例Ａは、最初に個人で作った計画書で、いわゆる悪い見本です。どこがいけないのかというと、まず、事業の内容がわかりにくい点。マンションに関した業務だということはわかりますが、専門用語が多くて伝わりづらいところがあります。そして、事業の売りとなるポイントがどこかがはっきりしていません。また、本当にこの業務にニーズがあるの

会社を清算する方法

法的な清算の仕方

1	破産	債務者がその債務を完済することができない状態になった場合に、債務者の財産を換価し、換価した財産を債権者に対し公平に分配することにより債務の清算をする手続き。
2	特別清算	株式会社の清算手続きの一方法。解散して清算手続きに入った株式会社について、債務超過などで清算の遂行に著しく支障をきたす場合などに、裁判所の下で清算業務を行うこと。破産法で定める「破産」は債務者の全財産を債権者に平等に配分するが、特別清算は債権者の多数決で分配額を決める。

私的な清算の仕方

3	廃業	廃業とは従来営んできた事業を止めること。得意先、仕入先、銀行関係、従業員などとの債権·債務の処理が必要となる。
4	私的整理	法的手続きには依らず、債務者と債権者との合意により自主的に負債を整理していく倒産処理手続き。
5	銀行取引停止	公的機関(裁判所など)を使わず、債権者と私的に話し合いをすることで借金の減額、利息のカットなどの返済方法を考えて、和解を勧める手続き。

か、お金を払ってもらえるのかという視点が乏しいというところです。

これを作った人は、いわゆる「後ろ向き起業」の人で、経営などやったことがありませんから、仕方のないところはあります。そこで私の会社がアドバイスをして、実例Bをまとめました。こうして具体的な数字を挙げていくことで、金融機関に対して事業のリアリティをアピールすることができます。

また、実例Cは、パワーポイントで作成した例です。私たちがアドバイスする前の例ですが、この時点で、かなりよくまとまっていますので、あとは具体的な経営に関する数字さえ入れれば、完成形となります。このように、ビジュアル重視で伝えるというのも良い例です。

Cを見ていただくとわかるように、事業計画書とは、金融機関や他人に対するプレゼンテーションで使用します。わかりやすくアピールするためには、相手側の視点に立ってまとめる必要があります。

実例A　事業計画書

事業計画書

平成　[redacted]年　[redacted]月　[redacted]日作成

会社名　株式会社[redacted]
代表者名　[redacted]
所在地　[redacted]県[redacted]市[redacted]ビル10F
電話番号[redacted]　FAX番号
メールアド[redacted]@gmail.cc ホームページURL　http://www.[redacted]jp/

目　次

1.会社概要

● 会社名 ： 株式会社[redacted]

● 代表取締役 ：[redacted]

● 設立 ： 平成[redacted]年[redacted]月[redacted]日

● 資本金 ：[redacted]100万円

● 本社所在地 ：[redacted]県[redacted]市[redacted]
[redacted]ビル10F

●事業内容 ：
マンションを中心とした、地域コミュニティ促進活動・イベント企画運営事業

創業者プロフィール/創業の経緯
・代表者氏名 ：[redacted]
・生年月日 ： 19[redacted]年[redacted]月[redacted]日
[redacted]県立[redacted]工業高校　建築科卒業
・簿記一級

[redacted]年-[redacted]年：地元建設会社にて、建設現場施工管理について8年間学ぶ。

[redacted]年株式会社[redacted]（マンション管理会社）に転職する。
勤務しながら専門学校に通い簿記一級の資格を取得。5年間、主にマンション会計を担当する。

その後、マンションフロントマン（管理組合担当営業）として10年間でのべ400棟のマンションを担当。
管理組合の行事進行やトラブルについて相談にのり、多くの企画・提案、問題解決に携わる。

特に、マンションのイベント（クリスマス会等）は、好評をはくし、お客様（居住者）の潜在的なニーズが
つかず離れずの適度な距離感の中でのコミュニケーションにあることに気づきを得る。

親会社の新築マンション販売が低調になると「新規プロジェクト事業部」に配属され、新規顧客開拓、
セミナー企画等、集客企画運営に携わることとなった。企業では、企業業績が低下し始めるとお客様第一主義と会社は掲げながらも、企業の都合による営利追及が求められるケースが多くなった。
そうした状況を見るにつけ、自分のキャリアを生かし、利益とお客様の笑顔を両立させる事業事業はできないものかと考えるに至った。

2.事業概要

●マンション・コミュニティ活性化事業
マンション管理組合に対する、コミュニティ活性化ノウハウの提供を行います。

a）独居老人定期訪問
b）コミュティ活性化のためのイベント企画運営
c）マンション遊休施設のカルチャー教室開催
d）マンションの回覧事項等情報のインターネット共有化
e）マンション修繕・保守業者と管理組合との仲介

●マンション管理組合 運営補助事業
マンション管理組合に対する、マネジメント手法のコンサルティングを行います。

f）管理組合運営補助
g）管理規約見直し
h）管理組合収支分析
i）管理組合役員に対する助言

3.事業コンセプト

「昔ながらの長屋のたすけ合いの精神をマンションに蘇らせる！」

３・１１震災以降、人の「絆」が強調されている一方で、「おひとりさま」という言葉の昨今が流行からもわかるように、人と人の交流が疎遠になっています。

人はひとりでは生きてゆけません。私はマンション管理会社に２０年勤務した経験から、となりに住んでいる人さえ分からないというマンションの閉塞感を開放しなければ、今の子供たちが大人になったときの未来は暗いものになってしまうと考えています。

そこで、私の専門知識とキャリアを生かし、ノウハウが不足がちなマンションの管理組合に対し、①コミュニティを活性化する事業、②マンション管理組合運営補助を行うことで、マンションの、ひいては地域コミュティの再生に資する事業に取り組んでゆきたいと考えています。

実例B　経営計画書

経営計画書
計画期間
自　平成 24 年　12 月
至　平成 29 年　11 月
会　社　名　株式会社[redacted]
代 表 者 名　[redacted]
作成者 [redacted]
(A予算:)
あんしん経営をサポートする会®

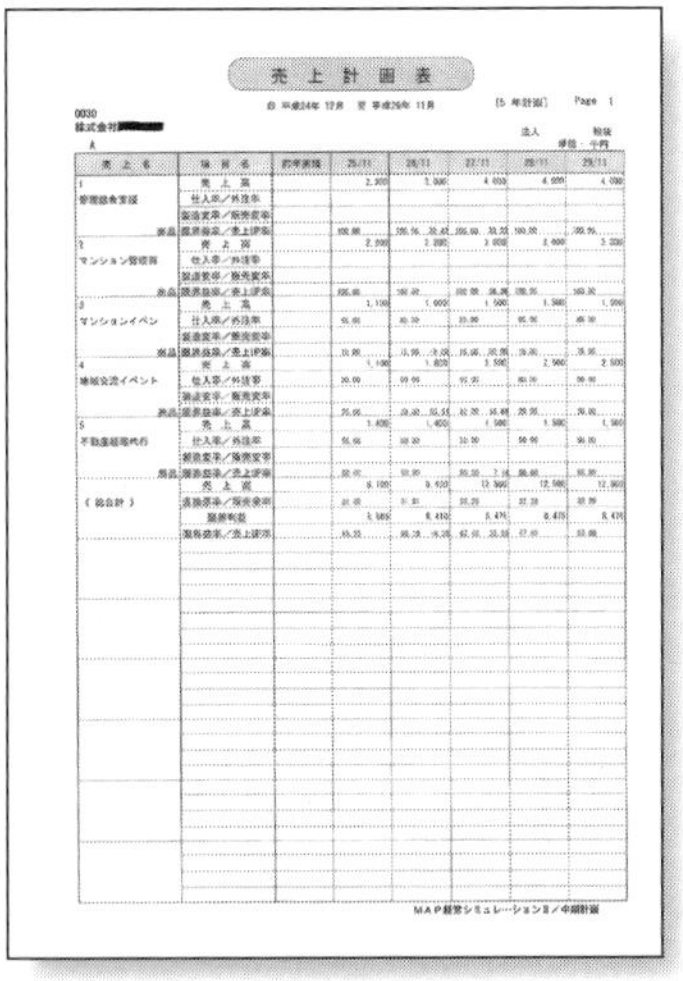
売　上　計　画　表
自 平成24年 12月　至 平成29年 11月
MAP経営シミュレーションII／中期計画

損　益　計　算　書
MAP経営シミュレーションII／中期計画

損　益　計　算　書
従業員・人件費計画
MAP経営シミュレーションII／中期計画

実例C　パワーポイント版の計画書①

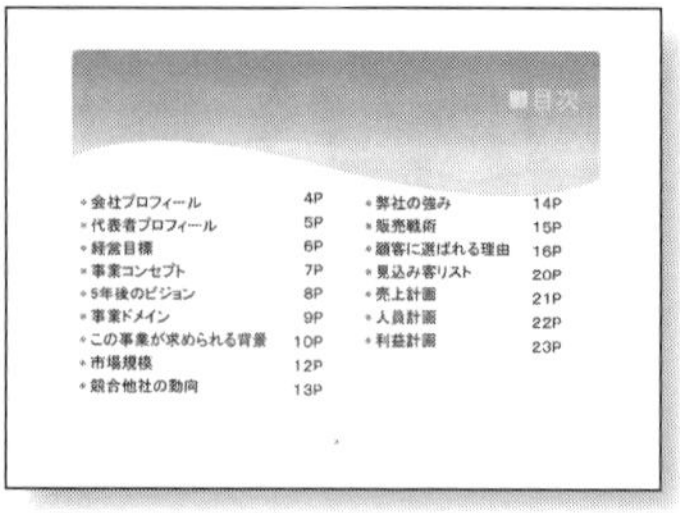
■目次
・会社プロフィール　4P
・代表者プロフィール　5P
・経営目標　6P
・事業コンセプト　7P
・5年後のビジョン　8P
・事業ドメイン　9P
・この事業が求められる背景　10P
・市場規模　12P
・競合他社の動向　13P
・弊社の強み　14P
・販売戦術　15P
・顧客に選ばれる理由　16P
・見込み客リスト　20P
・売上計画　21P
・人員計画　22P
・利益計画　23P

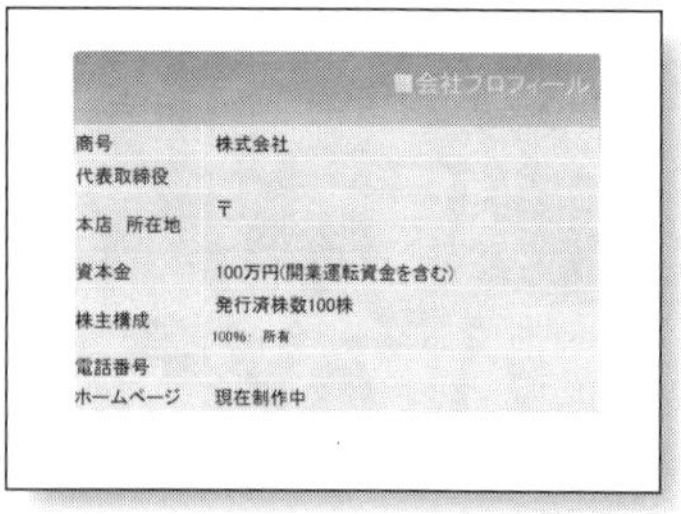
■会社プロフィール
商号　株式会社
代表取締役
本店　所在地　〒
資本金　100万円(開業運転資金を含む)
株主構成　発行済株数100株
100%　所有
電話番号
ホームページ　現在制作中

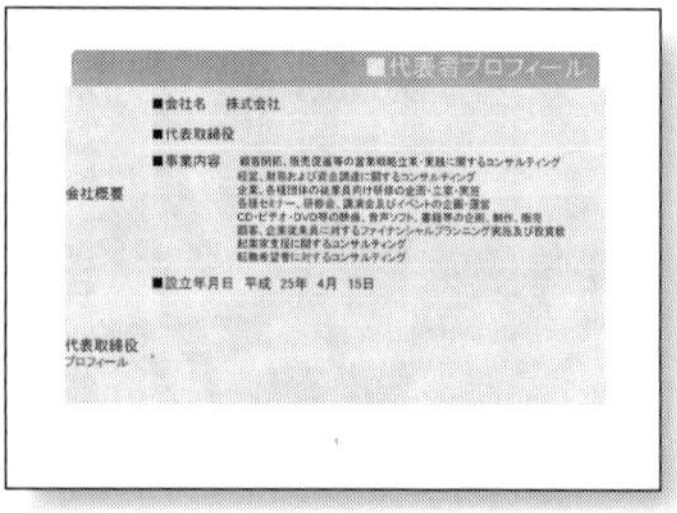
■代表者プロフィール
会社概要
■会社名　株式会社
■代表取締役
■事業内容
経営、財務および資金調達に関するコンサルティング
CD・ビデオ・DVD等の映像、音声ソフト、書籍等の企画、制作、販売
起業家支援に関するコンサルティング
■設立年月日　平成 25年 4月 15日
代表取締役
プロフィール

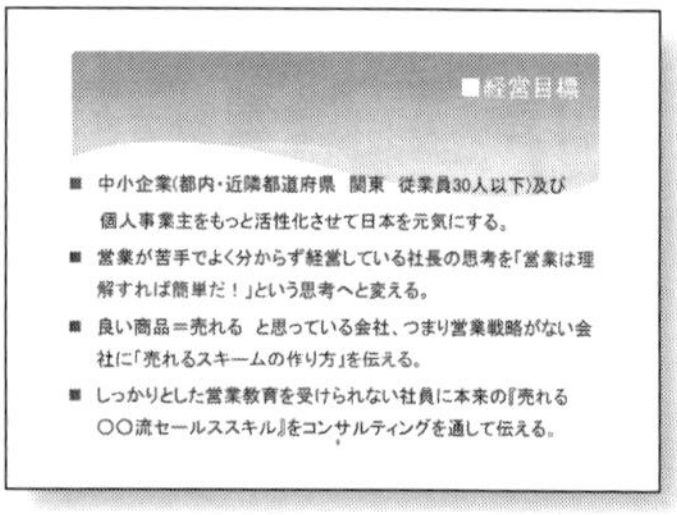
■経営目標
■ 中小企業(都内・近隣都道府県　関東　従業員30人以下)及び個人事業主をもっと活性化させて日本を元気にする。
■ 営業が苦手でよく分からず経営している社長の思考を「営業は理解すれば簡単だ！」という思考へと変える。
■ 良い商品＝売れる と思っている会社、つまり営業戦略がない会社に「売れるスキームの作り方」を伝える。
■ しっかりとした営業教育を受けられない社員に本来の『売れる〇〇流セールススキル』をコンサルティングを通して伝える。

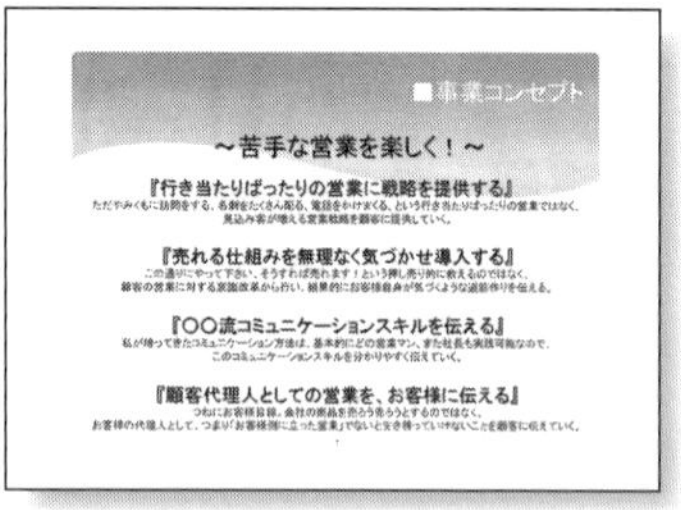
■事業コンセプト
～苦手な営業を楽しく！～
『行き当たりばったりの営業に戦略を提供する』
ただやみくもに訪問をする、名刺をたくさん配る、電話をかけまくる、という行き当たりばったりの営業ではなく、
見込み客が増える営業戦略を顧客に提供していく。
『売れる仕組みを無理なく気づかせ導入する』
この通りにやって下さい、そうすれば売れます！という押し売り的に教えるのではなく、
顧客の営業に対する意識改革から行い、結果的にお客様自身が気づくような道筋作りを伝える。
『〇〇流コミュニケーションスキルを伝える』
私が培ってきたコミュニケーション方法は、基本的にどの営業マン、また社長も実践可能なので、
このコミュニケーションスキルを分かりやすく伝えていく。
『顧客代理人としての営業を、お客様に伝える』
つねにお客様目線。会社の商品を売ろう売ろうとするのではなく、
お客様の代理人として、つまり「お客様側に立った営業」でないと生き残っていけないことを顧客に伝えていく。

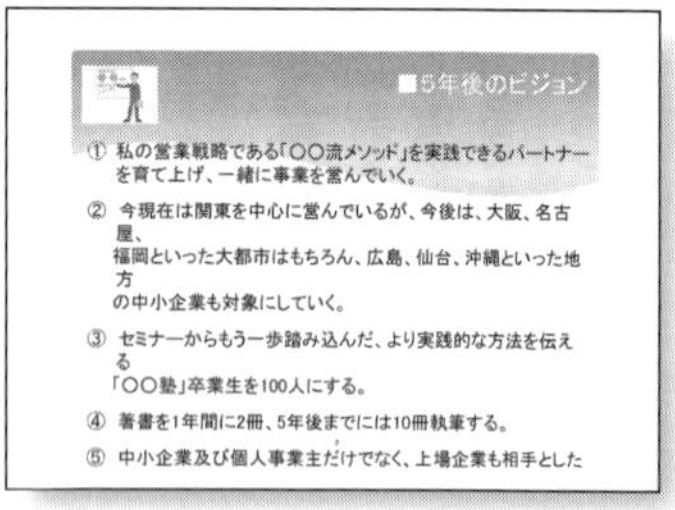
■5年後のビジョン
① 私の営業戦略である「〇〇流メソッド」を実践できるパートナーを育て上げ、一緒に事業を営んでいく。
② 今現在は関東を中心に営んでいるが、今後は、大阪、名古屋、
福岡といった大都市はもちろん、広島、仙台、沖縄といった地方
の中小企業も対象にしていく。
③ セミナーからもう一歩踏み込んだ、より実践的な方法を伝える
「〇〇塾」卒業生を100人にする。
④ 著書を1年間に2冊、5年後までには10冊執筆する。
⑤ 中小企業及び個人事業主だけでなく、上場企業も相手とした

実例C　パワーポイント版の計画書②

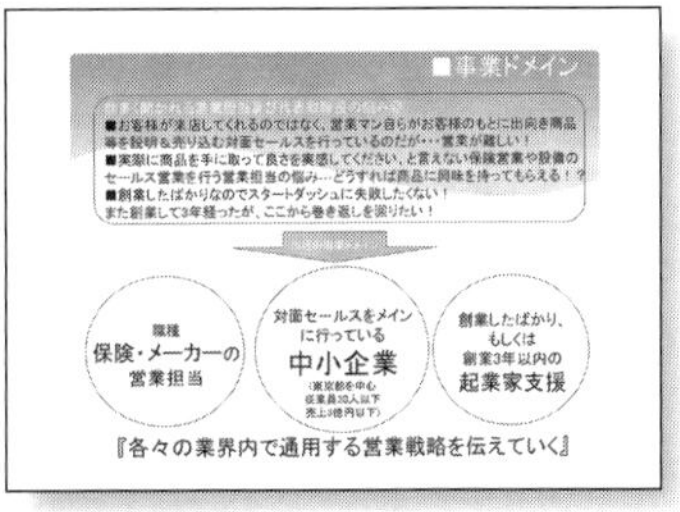

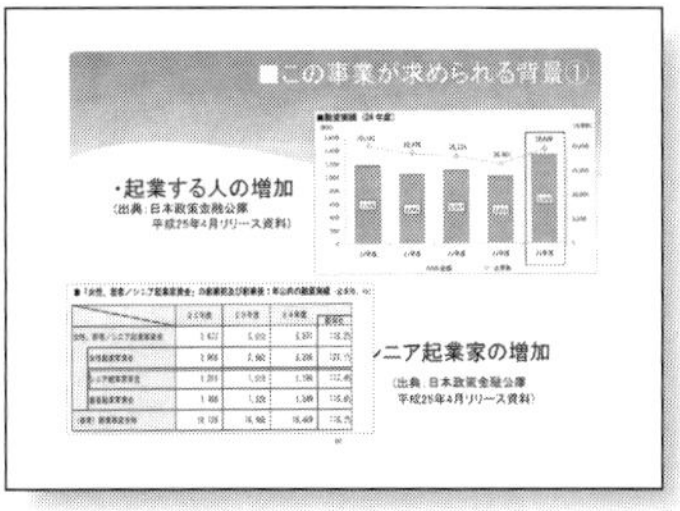

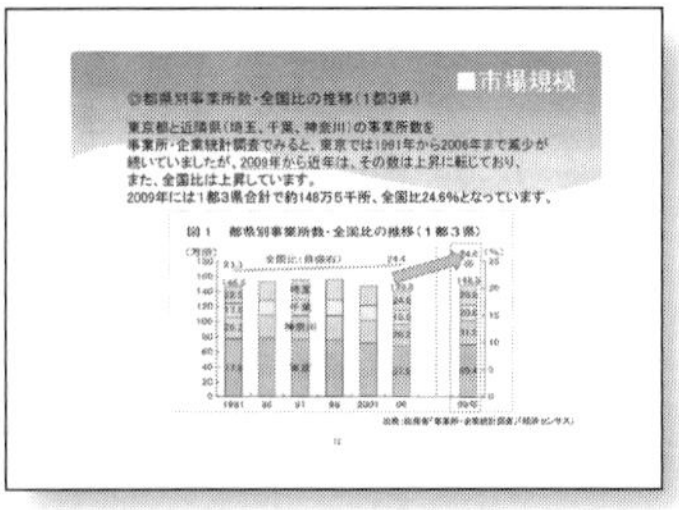

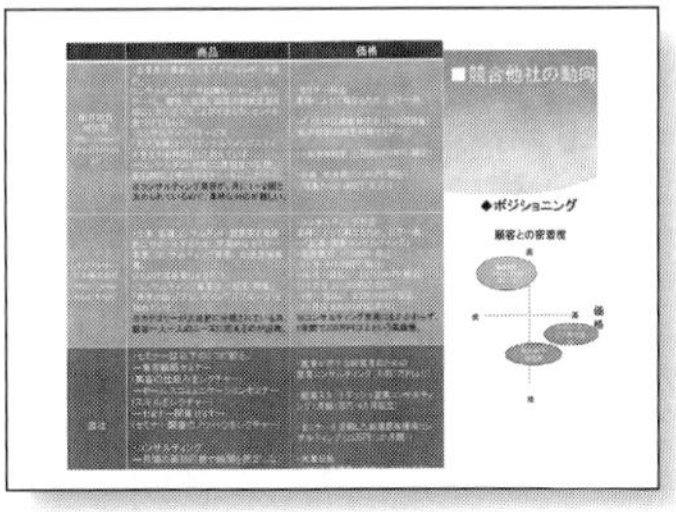

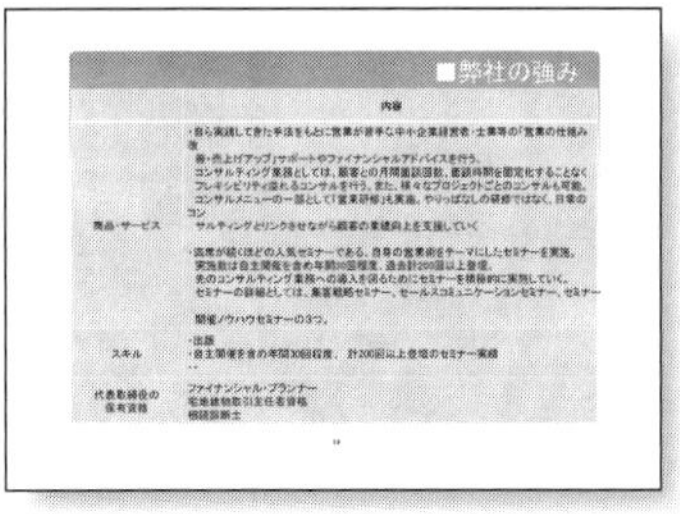

見せるための計画書と自分のための計画書

先ほども触れましたが、金融機関などに提出する計画書と、実務のための計画書は違います。ここまで解説してきたのは、主に金融機関に提出するための計画書についてです。実務のため、つまり自分が納得するための計画書なら、実例Aのレベルでも問題ありません。その二つの計画書は、目的が違うということです。

自分のための計画書は、お金を借りるためではなく、実際に事業がうまくいくための確認資料です。言いかえれば自己表明のようなもので、頭の中で考えている計画を実際に紙に書いて、明確化するということ自体が大事なわけです。その計画書は、手元に置いて時々振り返って、実際の事業がその通りに進行しているか、確認してください。もちろん、事業が変わっていくなら、計画書を変更していってかまいません。どんどん書き込んでください。

私が自分用に作った計画書も、書き込みでぐしゃぐしゃになってしまっています。計画とはあくまで計画であって、計画通りにはなかなかいかないものです。でも、それは進歩の足跡でもあるはずです。

第5章

会社設立のメリットと手続き

会社にするのか、個人でやるのか？

この章では、会社設立手続きのノウハウをお話ししますが、私のビジネスパートナーである行政書士、若林圭子先生からうかがったお話を中心にまとめてみることにします。

まず、テーマとしたいのは、株式会社を設立するメリットについてです。

①社会的信用の増大

株式会社を設立する最大のメリットは、社会的信用の増大といえるかもしれません。

株式会社を設立すると、対外的信用が向上するため、これまで取引できなかった会社と取引できるようになるなど、各種取引において有利になるケースが多くなります。

商売というものは、信用を得られないと始まりません。

取引先から見ると、相手が株式会社となれば大きな安心感につながり、取引を継続していくうえで、さらなる信用につながるでしょう。

株式会社を設立する際、最終的に法務局に行って登記を行います。登記をすると、履歴事項全部証明書いわゆる登記簿謄本などを、誰でも見られる環境になります。そこには、資本金はいくらか、事業目的は何か、取締役は何人いて誰が代表取締役なのかといった会社の全ての重要事項が記載されています。それを公の場で開示していて、誰でもいつでも取引したい会社の情報を知ることができるということは、それだけでも信用を得られる理由の一つになります。

さらに、会社組織は定款（会社の憲法といえるもの）や登記簿謄本などによって、個人と会社の計算が明確に分かれているため、取引先も会社の財政状況や経営状況を信用し付き合うことができるのでさらに安心感を得られます。一方、個人事業では、財務状況や経営状況が把握しにくくなっているといえ、取引先に対しても株式会社よりも信用度が低くなってしまいます。

今では、「登記情報提供サービス」とインターネットで検索すると、誰でも会社の情報を自宅でも外出先でも見ることができます。取引したい会社があるとき、この会社はどういう会社なのかと思ったときなどに検索してみてください。資本金も事業目的も一目瞭然なので、安心材料になりますし、取引していい会社かどうかの判断材料にもなります。だからこそ、登記されているということは信用を得られるのです。

②節税できる（所得金額による）

個人事業の場合、所得税は累進課税であるため、所得が多ければ多いほど、税率が上がっていきます。法人税は売上に関係なく税率が一定ですので、年間所得が一定の金額に達した場合、会社を設立した方が税金面で有利だと言えます。

個人の場合、最高で住民税・所得税の合計五〇パーセントに、事業税の五パーセントです。

法人の場合、最高でも約四一パーセントです。

個人と法人の税金の合計によって節税を考えることができます。

また、個人事業の場合、経営者が亡くなれば、個人財産、事業用財産などすべてが相続の対象となるために、相続税がかかってしまいますが、会社組織の場合は、たとえ経営者が亡くなったとしても、解散などの事由がない限り会社は存続するので、会社の財産であれば、相続税は課税されません（経営者が所有していた株式については課税されます）。

次の表にあるように、事業所得が七〇〇万円の場合でも、約六〇万円もの節税効果があります。さらに所得が多ければ多いほど節税効果は高まります。

結論として、所得金額がいくらなら会社設立をした方がいいのかは、他のいろいろな要

事業所得700万円の個人事業者が株式会社を設立した場合

個人事業者の場合		株式会社の場合	
所得税	67万円	法人税	7万円
住民税	45万円	所得税	36万円
事業税	21万円	住民税	26万円
合計	133万円	合計	69万円

素や控除を考慮に入れて考える必要があるので、一概には言えませんが、所得金額が六〇〇～七〇〇万円以上であれば個人事業よりも株式会社にしたほうが税金上のメリットがあるのではないでしょうか。

③金融機関からの融資の際有利

金融機関から借り入れをする際、金融機関は相手の事業がどんな事業なのかを必ず精査します。そして、財務状況を見るときに重要なのは、今この会社はいくら儲かっているのかということよりも、将来に向けてあとどれくらいこの会社は余力が残っているのかということです。その判断材料となる資料は、貸借対照表（B／S）、損益計算書（P／L）といわれるものです。

株式会社を設立すると、決算が来れば、貸借対照表、損益計算書を出します。個人事業ではお金を借りに行きたいと思い金融機関に行ったときに、これらを提出してくださいと言われても、すぐに提出するのが難しい状況にある可能性もあります。このように、時間的な面と作業的な面でも、株式会社のほうが金融機関からの融資を受ける際に有利といえるかもしれません。

また、個人事業では主にその人の担保能力だけで判断されがちです。しかし、株式会社の場合は、会社の実情・将来性、代表者の資質などが総合的に判断されるので借り入れがしやすくなるともいわれています。

④法人格を取得できる

株式会社には法人格がありますが、個人事業には法人格がありません。

個人事業は個人が主体となって自己責任で事業を行い、責任は全て事業主が負うというものです。法人は人間以外が法律上の権利義務の主体（法人格）となることを認められたものです。つまり、法人の場合は個人とは切り離した別の法人格となるため、そこから生じた責任も事業主本人とは切り離して法人が負うことになります。

例えば、事業を行ううえで借り入れをする場合、個人事業の場合は事業主本人の借り入れです。仮に事業に失敗して返済できなくなったら、事業主個人の財産を売ってでも返済しなければなりません。これを無限責任といいます。

株式会社の場合は、法人格という個人とは別の法律上の人格が存在するため、法人名義でお金を借りることができます。法人の場合は個人とは別の法人格のため、あくまで法人の借り入れとなり法人の財産の範囲内で返済します。経営者個人の財産から返済する必要はありません。

株式会社の場合、出資者は会社債権者に対してその出資の限度でしか責任を負いません。例えば、株式会社の出資者である株主は、会社が多額の負債を負ったとしても、最終的にはその出資した範囲内においてのみ責任を負えば足ります。これを有限責任といいます。(ただし、会社代表者が借り入れに対して個人保証をした場合などには個人の財産をもって債権者に対して返済しなければなりません。また、これとは別に取締役としての業務執行責任を問われる場合もあります。)

法人とは、字の通り、法律上の人です。株式会社を設立するということは、新たに人を作ることと同じなのです。ですので、法人名義で不動産を購入したり、車を購入することができます。また、法人名義でお金を借りたり、法人名義の銀行口座を開設することができたり、法人名義で契約を結ぶこともできるようになります。

株式会社のデメリットは？

法人を作るといいことばかりのような気がしてきましたが、個人事業が良くないというわけではありません。どちらにもメリット・デメリットはあります。

税金面に関しては、個人事業で赤字であれば、税金がかかることはありませんが、法人の場合は、赤字でも、必ず七万円は税金を納めなくてはなりません。

また、法人は定款によって会社の名前や事業内容が定められ、法務局に登記しているので、会社の名前や事業内容をいきなり変更することはできません。変更する場合は法務局に登録免許税を支払って届け出なければなりません。なので、個人事業のほうが小回りがきくと言ってもいいでしょう。最初は個人事業で様子を見て、軌道に乗ったら法人化する、というやり方をする人も多くいます。ただ、新たに株式会社を作り法人という人格を作ってやっていこうという気持ちがあれば、はじめから株式会社の設立を視野に入れて考えてもよいのではないでしょうか。

また、ＬＬＰという形もあります。個人でも法人でもない、有限責任事業組合と呼ばれるものです。本書では、あえて法人を作る方を前提に、お話を進めていきますので、詳細は省きます。

会社の形態をどうするか？

さて、いよいよあなたが会社を設立することになったとします。

会社には、いくつかの種類があります。株式会社、合同会社、合名会社、合資会社、有限会社などです。有限会社は、今は新たに設立することはできないので、説明を省きます。

では、これから会社の種類をどれにするかと決定するにあたっては、周りに与えるイメージが決定要因になるといえます。そこで、株式会社にするか、合同会社にするかの二者択一と考えてよいでしょう。

なぜなら、合名会社や合資会社は古くからありますが、内部の運営手続きなどについて、社会的認知度があまり高くないため、「よくわからない会社」というイメージになりがちです。

株式会社と合同会社の大きな違いは、所有と経営が一致しているか、分離しているかということです。株式会社は、出資者と経営者が分離しているので、経営者は必ずしも出資者であるとは限りません。合同会社は、原則として出資者と経営者が明確に分離することはありません。合同会社の経営者はその合同会社の持ち主であるといえます。

合同会社は、経営の意思決定を社員全員の一致で決めることができます。また、出資額に関係なく能力・業務次第で自由に利益配分できるので、その柔軟性が大きなメリットといえるでしょう。

このように、合同会社の方が、何かと自由度が高い部分が多いので、コンサルティングやインターネット事業など、最初に大きな資本を投資しなくてもできるビジネスを始めるには合同会社を勧めるというケースもあります。しかし、合同会社のデメリットとしては、合同会社は会社法によって創設された新しい会社制度なので、知名度や社会的認知度という点で、株式会社に比べると取引先への安心感が少し劣り、取引先に制限が出る可能性があります。また、意思決定の自由度があるために、トラブルが起きやすいなども挙げられます。

したがって、法人を設立するのであれば、信用度、イメージ、社会的認知度等をトータルに考えて、私たちとしては、最初から株式会社を設立することを推奨しております。以降、株式会社の設立について、合同会社と比較しながら解説していくことにします。

資本金はいくらにするべきか？

会社の資本金はいくらがいいのかということは、皆さんが聞いてくることです。ちまたでは「一円から会社は作れます」と言われていますが、実際に法人を作るにあたっては、登録免許税とか、国に納める税金関係が二〇万円近くあります。だから資本金一円といっても最低二〇万円はかかるということです。

法人を設立するときに見積りを出します。そのとき、二〇万とか三〇万近いお金がつくと、見積りを作った行政書士や司法書士がぼったくっているんじゃないかと、思われてしまうことがあります。私たちプロから見たら、当たり前のことなのですが、意外とそのことを知らない人が多いのです。

一般的にきちんとした法人として見てもらうのであれば、資本金は大体一〇〇万円からが望ましい、と私は考えています。資本金はもちろんあればあっただけ良いのですが、そ

登記申請に必要な書類一覧

登記申請書	収入印紙を貼付した登録免許税納付用台紙をセットする
定款	公証役場で認証されたもので、「謄本」と刻印されているもの
通帳のコピー	金融機関に発行してもらったもの
取締役会議事録	株式会社の場合。取締役1人で、代表取締役を選定せず、かつ、定款に本店所在地を記載しているなら不要
就任承諾書	株式会社の場合。定款で定めた役員と発起人とがまったく同一であれば不要
代表取締役の印鑑証明書	取締役1人の場合は取締役の印鑑証明書
代表社員選出についての総社員の同意書	合同会社など、株式会社以外の会社を設立する場合に必要。ただし代表社員を選出しない場合は不要
代表者の印鑑届書	会社の代表者印を法務局に登記するためのもの。代表者個人の印鑑のことではない

会社設立までの流れ①（2014年6月現在）

株式会社

発起人を決定する

発起人は1人以上でよい。発起人は、登記完了までいっさいの手続きを進めていく。

合同会社

社員（出資者）を決定する

出資し、業務執行に携わる有限責任社員1人以上が必要。

商号の事前確認を行う

次の「会社の基本事項を決定する」の中の一つに商号（社名）の決定があるが、同一市町村にすでに登記されている会社名と同じ名前を付けることは禁止されている。事前に本店予定地の登記所へ行き、同一商号の有無を調べておく。

会社の基本事項を決定する

商号（社名）、目的（事業内容）、本店所在地、資本金（出資額）などはこの時点で決めておく。そのほか会計年度は何月から何月までにするか、役員には誰が就任するのか、役員報酬（給料）はどうするか、設立費用は会社負担にするのか、また株式会社の場合、株式は何株発行するのかなどを決めておく。

会社代表者印などをつくる

商号が確定したら、会社代表者の印鑑を作成する。設立登記の際にこの代表者印の届け出が必要になる。またその後の契約書作成時などでも代表者印は必要。この時併せて銀行印、社名印、所在地・電話・社名の入ったゴム印なども一緒につくっておく。印鑑作成代金は一式でおよそ4万～10万円。注文から1週間後ができ上がりの目安。早めに注文しよう。

関係者個人の印鑑証明書を取る

必要とされる関係者や枚数、提出先などは株式会社と合同会社では異なる。詳しくは法務局に問い合わせを。なお有効な印鑑証明書は登記申請日から逆算して3か月以内に発行されたものである。

定款を作成する

商号、目的、本店所在地、発行可能株式総数、公告方法、発起人の氏名と住所、株式や株主、役員に関する事柄などを記載する。株式の譲渡制限を記載する際は、「当会社の株式を譲渡するためには取締役会の承認を得なければならない」と定めるのが一般的。なお、株式の譲渡制限をした場合は、取締役や監査役の任期を最長10年まで延ばせるので、必要があればそのことも記載しておく。作成後、4万円の収入印紙を貼付する。

公証人に定款の認証を受ける

公証役場へ行き、作成した定款を公証人に認証してもらう。この時、認証手数料5万円程度が必要。

引受株式数を決定する

発起人は1人につき最低1株以上の株式を引き受けなければならないので、それぞれ何株を引き受けるのかをこの段階で決める。ちなみに発起人だけで発行株式のすべてを引き受ける「発起設立」が一般的だが、発起人以外からも株主を募集する「募集設立」という方法もある。

定款を作成する

商号、目的、本店所在地、社員（出資者）の氏名または名称と住所、社員全員が有限責任社員である旨、社員の出資の目的およびその金額または評価基準などを記載する。また、業務執行社員や代表社員をおく場合は、そのことも記載。さらに2人以上の社員がいる場合は、配当や議決権の割合についても定款で決めておく。作成後、4万円の収入印紙を貼付する。

委託金融機関へ株金（出資金）を払い込む

株式会社の発起人や合同会社の社員（出資者）は、引き受けた株数（出資口数）に該当する金額を、会社が指定した銀行や信託銀行などの金融機関に払い込み、金融機関から残高証明書を発行してもらう。この証明書がないと設立登記はできない。

会社設立までの流れ②

創立総会を開催する

発起設立の場合は、取締役と監査役を選任しておけば、開催は不要。募集設立の場合は開催義務がある。総会当日は議長選出、発起人による創立事項の報告、定款の承認決議、取締役と監査役の選出、その他を行い、議事録を作成する。

取締役会を開催する

選出された取締役によって取締役会を開催する。ここではまず代表取締役の選出を行い、次に本店の正確な所在地（定款では行政区域だけを記載）を決定。最後に総会で決まった取締役の報酬総額の範囲内で各取締役の報酬を定める。取締役が1人の場合は開催不要。

設立登記申請書を作成し、登記申請する

申請書の記入は特別難しいものではない。すでに定款に記載した事項や総会の決定事項（合同会社は不要）を再度記入する程度。この申請書など、前出の「登記申請に必要な書類一覧」にあるものを法務局の登記所に提出する。書類は記載もれがないかどうかよく確認し、決められた順と指定されたとじ方でまとめる。また、目的（事業内容）が抽象的すぎる場合などは補正が必要になり登記まで時間がかかるので、不安な場合は事前に登記所に出向いて相談するといい。

会社設立

補正の必要がなく、書類が登記所に受理されれば会社設立となる。ついに会社誕生！　この後は諸官庁への届け出や銀行口座開設などに登記簿謄本や代表者印の印鑑証明書が必要になるので、すぐにそれらを申請する。

諸官庁への届け出をする

設立登記が無事済んだら、税務署や市区町村役場、労働基準監督署、社会保険事務所など諸官庁へ必要な届け出を行う。

「アントレ」2011年秋号（リクルートホールディングス）より引用

の事業の内容にもよります。例えば、私がやっている青果卸業のような、高額の仕入れを起こすものであれば、資本金はもちろん多いほうがいいのですが、コンサルタント業など仕入れが必要のない会社であれば、一〇〇万円あれば十分だと思います。

そのバロメーターは何かと言うと、お金を借りる確率があるかどうかによります。仕入れがなければお金は借りる必要がありません。売上だけでやっていけるわけです。仕入れのある事業であれば、仕入れの三倍は資本金があったほうがいいと私は勧めています。その資本金も、いたずらに増やすとか減らすとかではなく、きちんとした理由があります。資本金が一千万円以下であれば、一年間赤字だろうが何だろうが国税として七万円払わないといけません。一千万を超えて一億円未満であれば、国税として一五万円払う、という税法上の規定があります。だからそれも必要経費として落として利益を残しておかなければいけません。売上ゼロでも単純に年間七万円かかるということですから、会社をしばらく休眠させておこうと、何も手続きをしないで放っておけば、当然毎年七万円がかかってきます。

事務所は必要？　本社はどこにする？

いよいよあなたが会社を設立することになりました。そこで悩むのが、オフィスをどうするか、本社の所在地をどうするか、です。

本店所在地というのは、会社にとってかなり重要です。月一万円のレンタルオフィスというものもよくあって、そこで登記をすることはできます。でも、一つ注意しておきたい点があります。レンタルオフィスの契約の場合、一次利用契約書というものを交わしますが、それだと、金融機関で法人口座を作ろうと思っても、九九・九パーセントの確率で口座は作れません。一次利用契約書では、架空の会社なのではないかと警戒されてしまうようです。

おすすめは、賃貸借契約書がきちんとある賃貸物件です。それではコストがかかってしまうという場合は、本店所在地をご家族の理解のうえで自宅に登記して、名刺に載せる住所をレンタルオフィスにして、そこで仕事をしているという形にすることです。特に女性は自宅住所を名刺に載せることに抵抗のある場合もありますから、こういうやり方も検討してみてもいいでしょう。

登記する場合、事業目的は何にするか、決めなくてはなりません。これは、事業をやっていく中で自分は何が一番やりたいかという大切な部分になります。今後やりたい事業はすべて挙げていいと思います。事業目的は、変更したい、追加したい、あるいは削除したい、と思っても、そのためには法務局に毎回手続きに行って、登録免許税というものを印紙代三万円をかけて払うことになります。手続きも煩雑ですから、もしそれを司法書士に頼もうものなら、さらに手数料がかかってしまいます。それを考えると、挙げたい事業はすべて挙げておいたほうがいいということです。

ただ、そこで一点注意する必要があります。自分でやりたい事業に、もし役所への届け出や許可が必要なものがあった場合、そのままそれを知らずに事業をスタートしようとしても、許可が得られていないと始められません。勝手に始めてしまうと罰則の対象になりかねません。建設業や人材派遣業、酒類販売など、許可や届け出が必要な業種は意外とたくさんあります。許可が必要な事業なのかどうかを、事前に確認しておいてください。

設立手続きに必要なもの

設立手続きをするに当たって、どうしても直接行かなければならないところが二か所あります。法務局と金融機関です。株式会社設立の場合は、それに加えて公証役場です。金融機関については、第９章で詳しく触れますので、ここでは、主に法務局でどういう手続きが必要になるかを解説しましょう。

発起人を決めて、社名、事業内容、資本金など会社の基本的な事項を決定したら、次は会社の定款を作成します。定款とは、会社内の法律のようなもので、会社を運営する限り、ついて回るものですから慎重に作りましょう。もちろん専門家に依頼することもできますが、必ずあなた自身がきちんと目を通して内容を吟味した上で決めてください。

定款ができたら、公証役場へ行って、公証人に認証してもらいます。定款に貼る収入印紙代が四万円、公証役場での認証手数料が約五万円かかります。

その後、出資金を委託する金融機関に払い込んで残高証明書を発行してもらったら、登記申請書を作成、その他必要書類を持って、法務局に提出に行きます。法務局で無事に受理されれば、会社の設立が成立したことになりますから、その後、税務署や市区町村役場など、関係する官庁に届け出を行います。

第6章

相談相手を間違えないこと

成功する人は自分からさらけ出す

銀行なり外部に見せる計画書を実際に作る段階になったら、アドバイザーなどの第三者にチェックしてもらうと良いでしょう。アドバイザーにもそれを宣言しておくことで、自分でその前の段階まではやらざるをえなくなってしまいます。夏休みの宿題の計画ではありませんが、自分の中でなまけを許してしまうということがあります。でもそんなとき、図書館で勉強すると、周りもやっているし、自分だけ先に帰るわけにはいかない状態になりますよね。同じように、経営者仲間と見せ合う、あるいはアドバイザーに進捗報告をするようなことをやればいいのです。

そうなると、自分のところの状況を自己申告しないといけないから、あまり大人数ではやらないほうが良いかもしれません。人には言いにくい部分もありますからね。ただ、成功する人たちというのは、それをなんとも思いません。仕事というものは相手の都合ではなくて、自分の都合だから、これが自分のすべてだと言って見せてきます。そういう覚悟が違うと思います。全部を見せて、いいアドバイスをくれ、という考え方なのです。

逆に、情報をちょっとずつ出す人がいます。借金の部分だけ少なくて、預金の部分が多い。調べていくと、住宅ローンの明細書が入っていないことがわかる。そうなると、こちらはまたアドバイスを考え直さないといけません。なんで言わなかったのかと聞くと、収入が低いのが恥ずかしい、と言う。

収入が低いなんて、どこから見て低いと判断しているのかな、と思います。三〇〇万が低いのか、一千万が低いのか、人それぞれです。結局、起業するのだったら税理士に見せるわけですし、銀行融資を受けるときも、銀行の営業に見せないといけない。つまり赤の他人に見せる覚悟が要ります。成功できる人は自分からすべてをさらけ出しています。

そういうやり方ができる人だったら、例えば私なら私のクライアントに紹介できたりしますし、借金ができることにもつながるでしょう。私も、なんとかその人にマッチングする仕事を紹介したいと考えます。自分のクライアントには成功してほしいし、またそうじゃないと代金が回収できませんから。

起業で成功する人は、自分の意見を持ちつつ人の話をきちんと聞きます。逆に、自意識の低い人は、人の意見に左右されてしまいます。主体性があれば、自分の聞きたいことがはっきりしているし、情報を得ようという心構えがありますが、そうでない人は、話を聞きにきたくせに、何が聞きたいかよくわかっていない。茶飲み話でもしに来ているような状態になります。

アドバイザーとしては、本人にとってもプラスになる話をしているわけですから、それを生かしてほしいと思うのですが、なかなか伝わらないときもあります。一流企業に勤めている人で、飲食店のプロデュースが向いているんじゃないかとこちらから提案したのに、なぜか居酒屋でアルバイトをしてしまう。自分の能力を生かしきれていないと思います。もちろん、借金してしまってお金が足りないとか、そういう事情はあるのかもしれませんが、仮にもサラリーマンとしての仕事があって、なおかつバイトできる根性があるんだったら、起業してもできるだろうと思います。

必殺マイナス成功パターン

起業するというのは、雇用されるスタンスとは一八〇度違わないといけない部分があります。まずは考え方を変えないといけません。

サラリーマンをしながら、アルバイトをするのは別にいいのですが、自分が起業したいのであれば、サラリーマンをやっている間に起業の準備をしろ、と言いたいのです。どうすれば今の年収の何分の一でも稼げるかを考え、退職金は運転資金と生活経費に回すことにして、辞める前に銀行に融資を申し込む。そのパターンで成功する人を、私は「必殺マイナス成功パターン」と呼んでいます。

リストラされたことなどをきっかけに、マイナス要因を成功に変えてしまう。こうしたパターンは意外に多いのです。

必要な情報をいかに引き出すか

お金のことは、なかなか人に言えないことも多いので、私のところに相談しに来る人でも、情報を小刻みに出す場合があります。初めから全部出してくださいと言っているのに、自分に都合の悪いものだけに蓋をしてしまうんです。その情報を元にアドバイスした段階で、「いや、川瀬さん、実は……」と借金の事実が出てきます。こっちはそれがないものとして検討していたのに、はっきり言って時間の無駄です。

病院と一緒で、はじめにすべてわかったほうが、こちらとしても治療がしやすい。あとから、実は末期がんでした、という情報が出てきたら、確かに延命治療して現状維持まではできるかもしれない。ただ、時間はとてもかかります。できればそういった状態になりたくはないですよね。

お金の話が相談できなくて、高利の金融会社に手を出してしまうようなことは避けてください。金利を計算したら恐ろしさがわかると思いますが、お金に困っているときは、金利を計算しないものです。貸してくれたら何でもいいという状態です。

そうなる前に相談してもらえれば、いろいろなアイデアを出せますが、一旦手を出してしまうと、止めるのはかなり大変です。ですから、何かあったら最初に相談してください、隠す必要なんかありません、とお話ししています。

コンサルタントは、機能をよく理解して、うまく利用することが肝心です。情報はすべて出さないと、的確なアドバイスは返ってきません。自分が必要な情報をいかに相手から引き出すか、という発想をしましょう。

コンサルタント側から言うと、相手のビジョンが見えないとアドバイスができません。本当にお金に困っているのであれば、運転資金のアドバイスができますし、クライアントが欲しいのであれば、まず自分の周りにそういう人がいないか考えて、マッチングするようなら紹介もします。

だから、何がしたいかが重要で、そのためには、自分のビジョンが必要です。どの事業がいいか、今の流行り廃りも当然ありますから、変わっていくのは全然かまわないけれど、今のビジョンは明確でないと、自分自身も困ります。

言われたことだけやっていたら評価は五〇パーセント

アドバイザーに対しての評価で言うと、言われたことだけをやっていたら、私たちの世界では、五〇パーセントの評価にしかなりません。それは、サラリーマンの世界でもどこでも同じでしょう。言われたことをやって給料をもらうのは当たり前のこと。それだけでは五〇パーセントの評価です。さらに何かプラスアルファをやることによって、一〇〇パーセントの評価に近づくということです。

みんなができることをやっていたら、五〇パーセントの報酬でいいと思います。でも、それにプラスして、何か自分の強みを生かして、最後に何かアドバイスを付け加えてあげたり、杓子定規にやるのではなくて、アドバイザー側からいろいろな質問を投げかけます。相手の仕事がよくわからないとアドバイスはしづらいものです。

アドバイザーの使い倒し方

アドバイザー側から見て難しいのは、なかなか自分のことを話してくれないというケースです。まず自分の中に壁があるのだと思いますが、そこを取り払ってもらわないと、いいアドバイスができません。そういうときに、私は具体的な事例を使います。クライアントの事例をそのまま話すわけにはいかないので、この本にもいくつか書いたように、ある程度アレンジしたりぼかしたりしながら、「こういった方がいて、こういう苦労をしたけれど、こういう復活を遂げたんですよ」と話していくと、相手も話しやすくなっていくようです。

アドバイザーというのは、当然いろいろな方の秘密に触れることになります。もちろん守秘義務がありますが、そこを信用できるかどうかというのも、アドバイザーを選ぶ上での一つの基準になるでしょう。

一つの傾向として、愚痴を言う人には要注意です。愚痴る人って、どこでも同じことを言うので、結局クライアントの秘密も話してしまいがちです。

アドバイザーを選ぶときには、その人が本当に信用できるかどうか、自分からもチェックしてください。そういうことは、ビジネスの世界では当たり前だとは思いますが、つい気が引けてしまいます。ですが、発想を変えて、安心してきちんと自己開示ができるようにするために、相手をチェックするのだと考えてください。

いろんなところで評判を聞いてみるなり、実際に会ってみるなり、アドバイザーを選ぶことに対して意識的になることが必要です。相談する側が意識することで、良いアドバイスを引き出せるということもあります。私たちとしても、どんどん質問をしてもらいたいですし、デーンと座って何にもしゃべらない、ではなくて、自分が主体になろうと考えてください。要は、アドバイザーを使い倒すのはあなた次第だということです。

信頼できるパートナー

私は例えば、自分の専門外の事案だったり、自分で処理しきれないケースが出た場合は、私の知り合いや仲間たちの中から専門家を呼ぶから、この人とも一緒に話をしてくださいと言います。紹介するだけだと、守秘義務の問題が出てくるので、私が必ず守らせますということを保証して、最低限の人数で関わるようにします。私を指名してくれた人が、私の会社の人間や私のパートナーを信頼できるかというのはまた別の話ですから。

もちろんそういうことは、きちんと初めに説明しておきます。そうするとクライアントとしても楽になるようです。私のほうから胸襟を開いているので、「川瀬さんの紹介する方でしたらかまいません」とスムーズに進みます。

そういうふうにお互いに開示していくと、こちらも一〇〇パーセントの力を出して手伝える状況が整います。あとからあとから新しい情報が出てくると、こちらも戦略を変えなければいけなくなります。

ただ、初めから無防備すぎる人も危ないのです。お互いに信頼し合っての自己開示ですから、最初のアドバイザー選びはやはり肝心です。信頼するに足るかどうか、チェックする意識を持ってください。

中には悪質なアドバイザーもいます。事業計画を教えたら、それを盗まれてしまうこともまれにはありますし、詐欺師まがいの人もいます。詐欺師というのは本当に巧妙なもので、大抵の人は、詐欺に遭ったことすら気づかないものです。つまり、誰にでも詐欺に遭う可能性はあると思っていたほうがいいでしょう。

詐欺師は、人の心につけこむのが非常に上手で、なかでもうまい人は長期的な計画でしかけてきます。高齢者の後見人制度などを悪用して、お年寄りに近づいて財産を我がものにしようとする詐欺が増えているそうです。そういう場合、周りが怪しいと思って注意しても、本人が一度信頼してしまうと、「あの人はそんな人じゃない」と言って受け付けません。

アドバイザーを選ぶときには、自分の知り合い関係よりも、周りの人が誰も知らないところに行こうとする傾向があります。知り合いに自分の預金通帳を見せるのは恥ずかしい、という感覚なのかもしれませんが、よく知っている友達や知り合いだからこそ親身になって手を貸してくれるということもあります。まったく知らない相手だと、信頼関係を一か

column

アドバイザーとのつきあい方

会社を経営するには、自立した精神が必要です。

自立は孤立ではありません。

また、人の意見を聞かないことでもありません。

むしろ、意見を受け入れ、正しい判断をしていくことが重要です。


人は、自分を客観視することが苦手です。

また、自分に「心地よいことを言ってくれる人」をそばにおきがちです。

「迷いのあるとき、相談に乗ってもらえたら」

「どうしても、甘くなってしまう自分を律したい」

「方向性が見えなくなったとき、指針がほしい」

など、経営者は、的確なアドバイザーを求めているのでしょう。

アドバイザーは、会社の、顧問税理士であったり、社労士であったり、あるいは、友人であったりするかもしれません。


いずれにしろ、いいアドバイザーとつきあいたいもの。

今、アドバイザーのいる方、これから、そういう存在にアプローチしようと思う方、ちょっと下記を参考にしてください。

- **この人だったら信頼できるという、自分の基準と合っているか**
- **耳触りのよいことだけを言っていないか、またそれを自分もよしとしていないか**
- **自分の気づかない点に対し、経営の最善を考えたアドバイスをしてくれているか**
- **自分の考え、経営方針、事業のビジョンに共感をしてくれているか**
- **自分の不得意なところを埋めてくれる存在か**

すべての項目にあてはまらなくてはいけないというものではありません。

また、必要に応じて、複数のアドバイザーを持つということも考えられますね。

希望がまとまっていない人には、多種多様な職種、会社や人を紹介する場合もあります。そうしたことに一つひとつきちんと対応してくれる人が良いアドバイザーです。

アドバイザーに必要なのは熱意です。熱心に話を聞いてくれているのか、熱心に話してくれているのか、そこを見抜く力が必要なのです。

ら築かないといけないですから、最初はどうしても杓子定規で表面的な対応になります。

知らない人は知っている人に教えを請う

私は商売柄、いろいろな会社の決算書や預金明細などを見ていますが、所詮、私たちからすると単なる数字です。「あいつの会社は金を持ってるからちょっともらおうか」などと考えるわけではありません。

会社の給料計算をやっていると、社長が月給一〇〇万円だとか、私より給料が高い人なんてたくさんいます。でも、それを羨ましいとも何とも思わない。「儲かってるな、でも、一〇〇万って取り過ぎじゃないか」と、アドバイスを考えます。これなら、家族に振り分けて自分は税金を下げたほうが良いとか、役員報酬をゼロにして、社長は一千万も貸しているんだから、毎月、売上利益から返してもらったら、一年間給料はゼロだけれど、次の年の税金がこないとか、戦略を考えます。私たちにとって、数字はむしろミッションなのです。

今の例などは、別に違法ではありませんから、企業としてはそういう節税対策をきちんとやるべきだと思います。私がアドバイスするなら、「まず、役員報酬をゼロにすべき」「あなたにとって、ゼロにすると何の得があるのか」「逆にデメリットは何か」この三つは必ず説明します。例えばゼロにしたら、売上が悪くて給料が払えなかった場合、その月自分のもらえるお金がゼロになります。だから、貯金がないと生活できないということも言いますし、ローンが組めなくなる可能性があるとか、デメリットを説明します。でもそれを我慢できるのだったら、やる価値はあると思います。

最後は私が選ぶわけではないので、あくまでアイデアとしてこういうものがあります、あとは社長が選んでください、と言います。

アドバイザーの中には、漠然とどうしたらいいですかと聞かれるのを嫌がる人もいます。まずは自分で考えてください、と。でも、それがわからないから聞いているわけですから、私はきちんと答えたいと思っています。さすがに、「起業するなら何が儲かりますか」と聞かれると、「それがわかってたら自分がやるよ」と思いますが（笑）。知らない人は知っている人に教えを請う。これが世の中の仕組みです。学校の先生しかり親しかりです。

質問はある程度漠然としていてもいいんです。大事なのは、どうしたいと思っているかということ。そこは軸がぶれちゃいけない。回り道はしてもいいけれど、ぶれちゃいけないところです。それは社長であるあなたにしかわからない部分ですから。

ただ単に税金を払いたくないという人もいます。そういう場合、私はこういうふうに話を進めます。「払いたくないのはわかりました。その気持ちはみんなおなじです。でも社長、全部払わないのは無理です。この部分だけは下げますが、ただリスクとして、こっちが上がる可能性があるけれど、これでもいいですか？」と。こうやっていくと、税金を払いたくないという気持ちと、払わせないというミッションが合致します。多少無茶な願いでも、言ってもらっていいんです。逆に、どうしたいかという芯がなかったら言えません。

さらに言うと、どうして税金を払いたくないのか、その先に何が見えているのか、まで教えてほしいところです。人生は逆算だと言います。月収一〇〇万取りたいという話になったら、今の売上と利益を考えて、売上をあと一・五倍増やしてくださいと簡単に言えます。でも、ただ単に俺は給料を上げたいんだと言われたところで、目標がないと計算のしようがない。具体的に言ってもらえれば、そこに行き着くためには、あなたはこの行動をする必要がありますと説明できることになります。

売上を一・五倍にしなさいという話をしたあと、三か月くらい経ったときに、「できていますか?」「できていないんだったら、どういうことをやっていますか?」と聞いて、「じゃあ、こういうのはどうですか」とアドバイスします。自分のプライドがじゃまをしてしまうこともあります。そんなものは捨ててしまえと思っていますが、経験上、教えを請うのにプライドがじゃましている人というのは意外に多いのです。

第7章

顧客はこうして獲得する

名刺コレクションはせず、本物の交流をする

お客の探し方の基本は、まず自分ができることを相手に伝えられることです。あなたが何をやっている人かが先方に伝わって、契約が成立するわけですが、自分の仕事を伝えることだけではなくて、相手がやれる仕事を聞き出すこともじつは大切です。

自分と相手がやれることがわかったら、相手が望んだときに、自分にはできなくても誰かを紹介するということがあります。できることをまず探すというのが一つの条件。自分の中でこうしてもらえたらうれしいな、ということは、他人も大体そう思っているケースが多いわけです。じゃあ自分で何ができるのかと考えて、例えば、セミナーなどにスタッフとして参加するというのも一つの方法です。そのセミナーが、自分にとってニーズがあると思ったセミナーならば、当然同じような思いを持った人間が集まるわけです。そこでスタッフをやるということは、主催者側にも恩が出てくるし、堂々と名刺交換ができる。もちろん、すべての人とうまくいくわけはないので、その中で、自分がコラボできる何か、自分にできる何かというのを見つけてほしいのです。

　結局、失敗をする人は、自分を効果的にアピールすることができないのです。ありがちなやり方として、異業種交流会への参加があります。一〇〇人パーティとか何人交流会とかありますが、一〇〇人集まれば単純にうれしい。でも、自分は残り九九人の顔を覚えられるのかという話になってきます。そういうところにばかり行っていると、名刺を集めて、コレクションすることが目的のようになってしまいます。自分の名刺を一〇〇枚配ったら、それでもう仕事が来るという気になってしまいますが、はっきり言って、配るだけ無駄です。相手もこっちのことなど覚えていません。

　そんな形でセミナーに行くのなら、自分がやりたいことだけに絞って参加するほうが良いと思います。異業種交流会とか、たくさんの人が集まるところに行きたがることが最初のつまずきです。

　参加することは悪くないのですが、きちんと目的を持って行きましょう。「友達一〇〇人できるかな」程度の考えで行くと、ただ友達を一〇〇人作ろうとしてしまう。必要なのは、目的に向かって努力をすること。一〇〇人集まるところで自分が何をしたいか、です。逆に、そういう交流会に参加して名刺交換したときに、相手が例えば保険業界の人だとして、自分のターゲットと重なるようだったら、保険業界の人だけに絞って名刺交換をするというのも一つの方法です。

あまりにも大がかりにやっているイベントには注意したほうがいいかもしれません。自分が本気でやりたいことがあるんだったら、少人数に絞った目的やターゲットが明確な交流会のほうが良いと思います。そのほうが、同じ志を持っている人と仲よくなりやすいし、事業が違うにしても、人を紹介していただけたり、コラボできたりということがあるかもしれません。


今、私は起業家支援事業というものをやっていますが、私一人で法人設立なんかできません。いろいろな仲間がいてできることです。素人が簡単に作れるわけではないので、来てもらった人に対して、仕事を一緒にやりませんかと提案をすることもあります。

大人数のグループにくっついていけば、何か与えられて当然、という考え方はやめましょう。○○さんを紹介してほしいと言って、とりあえず待っている。それはただの「待ち営業」です。そういう人に限って、事務所を構えたら自動的にお客さんがくるとか、ホームページを作ったら注文が殺到してしょうがないというイメージばかりを持ってしまっています。それなら自分から積極的にコラボするなり、動かないといけません。夢見るよりも現実を見ようということです。ホームページが営業してくれるといっても、それは自分の事業の一つのツールであって、最終的に行動するのは自分だということを忘れてはいけません。

耕したら種をまくことを忘れない

知り合いを作って仲よくなっていくと、仕事ではなくて単なる友達としてのお手伝いになってしまうということもよく起きます。仲よくなればなるほど、きちんと仕事として請け負うということが難しくなってきます。コンサルタント業の人たちというものは、もちろん利益を最優先して仕事をします。商売だから当然ですよね。ボランティアのみでやってはいけません。ただ、そうするためには、きちんと自分のビジョンなり、自分自身を売り込めないとだめです。

「後ろ向き起業」の人は、売り込みも弱いし、そういった付き合いからのクロージングも弱い、そして押しが弱いのです。自分のサービスに自信がない人が多いのだと思います。

商品に自信がなかったら、売れるわけがないですね。

商品はきちっと作っていかないと、起業する意味がなくなってしまいます。自分がこういうものが良いと思っても、それはすでに誰かがやっているものかもしれない、ひょっとしたらニーズの逆を向いてしまっているかもしれない。客観的な視点がないと、自分は間違った方向に進んでいた、と気付かないことがあります。どうしても自分を通したがってしまいます。自分を通すのはいいんです。それが筋ですが、リスクを考えて別の事業を同時進行でやるというやり方もあります。「起業したてで二つも同時進行できない」とよく言われるんですが、それはできないじゃなくてやらないというだけのことです。起業したてだったら、そんなにたくさん仕事がきて忙しいわけでもないはずです。

たとえて言えば、畑を耕してばかりいるだけで種をまかないようなものです。耕しているだけなのに、仕事がいっぱいきたらどうしようとか言っている。そんなに来るわけがありません。

オフィスを構えるときにも、お客さんが来たらどうしようと言う人がいますが、来るか来ないかなんてわからないんです。先輩の起業家に話を聞いても、大体オフィスなんか要らないという人が多いのです。あったとしても、立派なオフィスではなくて、古いマンションの一室とかで十分。勉強不足の人は、とりあえず六本木とかきれいなところにオフィスを借りたいと考えてしまう。最終的にそういうところにオフィスを借りるという目標はあってもいいと思いますが、そこにいくために、逆算してどうするのがいいかを考えるべきです。行き当たりばったりではだめで、計画性の問題です。

四つのキーサクセスファクター

顧客の獲得については、私以上に有能な専門家がいますので、彼のお話も聞いてみましょう。以下は、私のパートナーであり、営業戦略プロデューサーである細田収さんにうかがったお話を中心にまとめてあります。

細田さんは、顧客を獲得するための四つのキーサクセスファクター、つまり成功要因がある、と言っています。それは、営業戦略、狙い客リスト、マイメディア、会話力の四つです。

最初の「営業戦略」ですが、意外とこれがない人が多いものです。行き当たりばったりで、商品が良ければ売れるんじゃないかと考えていますが、それだけではじつは売れません。「狙い客リスト」というのは、要するに顧客リストのことです。このリストと、「マイメディア」、つまりホームページなど自身が持っているメディアで、しっかりとお客さんを集める。その集めた人たちを、どうやって本当に商品を買ってくれるお客さんにするか、つまりクロージングの部分で必要になるのが、「会話力」です。

会話力は、かなり個人の技能に左右されますから、ここではほかの三点について解説していきます。

三つの営業戦略

営業戦略には、大きく分けると三つあります。一つが商品戦略。商品とかサービスそのもののことです。商品やサービスは、販売系の会社に限らず、どんな会社でも持っているものだといっていいでしょう。商品やサービスが、はたして売れるものなのか、と考えたとき、対象とするターゲットを絞って、売れる商品に仕上げていく努力が必要とされます。

ストライクゾーンのターゲットというものは、できるだけ狭めていったほうが良いでしょう。例えば、三〇歳の独身女性で、ワンルームマンションに住んでいて、勤務先が大手町で、ぐらいまでグッと絞り込んだほうがいいということです。そんなふうに狭めてしまったら、その人しか買わないんじゃないかと思うでしょうが、そんなことはありません。ターゲットを狭めることで商品は尖り、顧客に刺さる商品になっていきます。その結果、ストライクのターゲットだけでなく、二〇歳の学生さんでも、四〇歳でお子さんが二人いる主婦の方でも買うようになります。

商品戦略の次は、商品をどんなふうに売っていくかという、販売戦略です。顧客化していかないと意味がないので、どんなステップで顧客化していくか、そのときにどんなツールがあるか、どんなトークがあるかという、まさにセールスの部分です。商品があってもセールスしないと売れないのですから、ここは大事な部分です。

三つ目は集客戦略。その商品を準備して、作って、売るための流れを組んだら、今度はそこにどうやってお客さんを集めてくるかという、集客です。ターゲットにしたい人たちがどうやって商品のところまでたどり着いてくるかという、この道筋がちゃんと決まっていますか、ということです。これを最適化するために、いろんなツールとかトークとかウエブとかという、もろもろの要素を配置していくのが戦略です。この流れを意識していない人が多いのですが、流れをしっかりと考えて作りましょう。

見込み客の探し方

次は狙い客リスト、顧客リストをちゃんと持ちましょうというお話です。戦略を作っても、お客さんが来なかったらお店は潰れてしまうので、四つのファクターの中でも、かなり大事な部分となります。

お客さんを階層別に分けて見ていきます。ステージ1がまず、見込み客です。その商品やサービスに興味があるけれど、買うかどうかはまだわからないという人たちです。見込みがある人たちなので、見込み客。その見込み客の中に、「買います」とか「そのサービス契約します」と言ってくれる人が出てくると、見込み客はクライアントになります。この見込み客をどうやってクライアントにしていくかというのは、実は対面セールスによる販売力にかかっています。クライアントが、何度も商品を買ってくれるようになれば、リピーター、さらにＶＩＰ客（ロイヤルクライアント）と呼ばれるようになります。このステージまで行くと、こういう人たちが、口コミなどでさらにお客さんを連れてきてくれます。この部分のフォローをうまく作れれば、それだけでも商売はよく回ることがあります。

そのためには、契約者や購入者、つまり既存客のリストというものは、最低限必要です。表になっているかどうか、管理ソフト使用なのかというのは、大きな問題ではありません。何らかの形で管理されたリストが必要です。ここで、そのリストに見込み客も加えておくのです。このリストを持っているかいないか、見込み客が商談のどのプロセスにいるかを把握しているかどうかで、勝負は大きく左右されます。

さらに言うと、ステージ１の前の、ステージ０という未来のお客さんにも目を向けましょう。その商品やサービスに今のところ興味はない、買う気もないし、話を聞く気もありませんという人たちです。ですが、ビジネスシーンでいったら、こういう人たちのほうが圧倒的に多いわけです。大抵はこういう人たちはリストになりませんが、日常の業務の中で名刺交換をした人、何らかの形で関わった人をいかにリスト化するか、が実は大事なのです。ステージ０の人が、いつかステージ１の見込み客に変わる日が来るかもしれません。

顧客のステージレベル

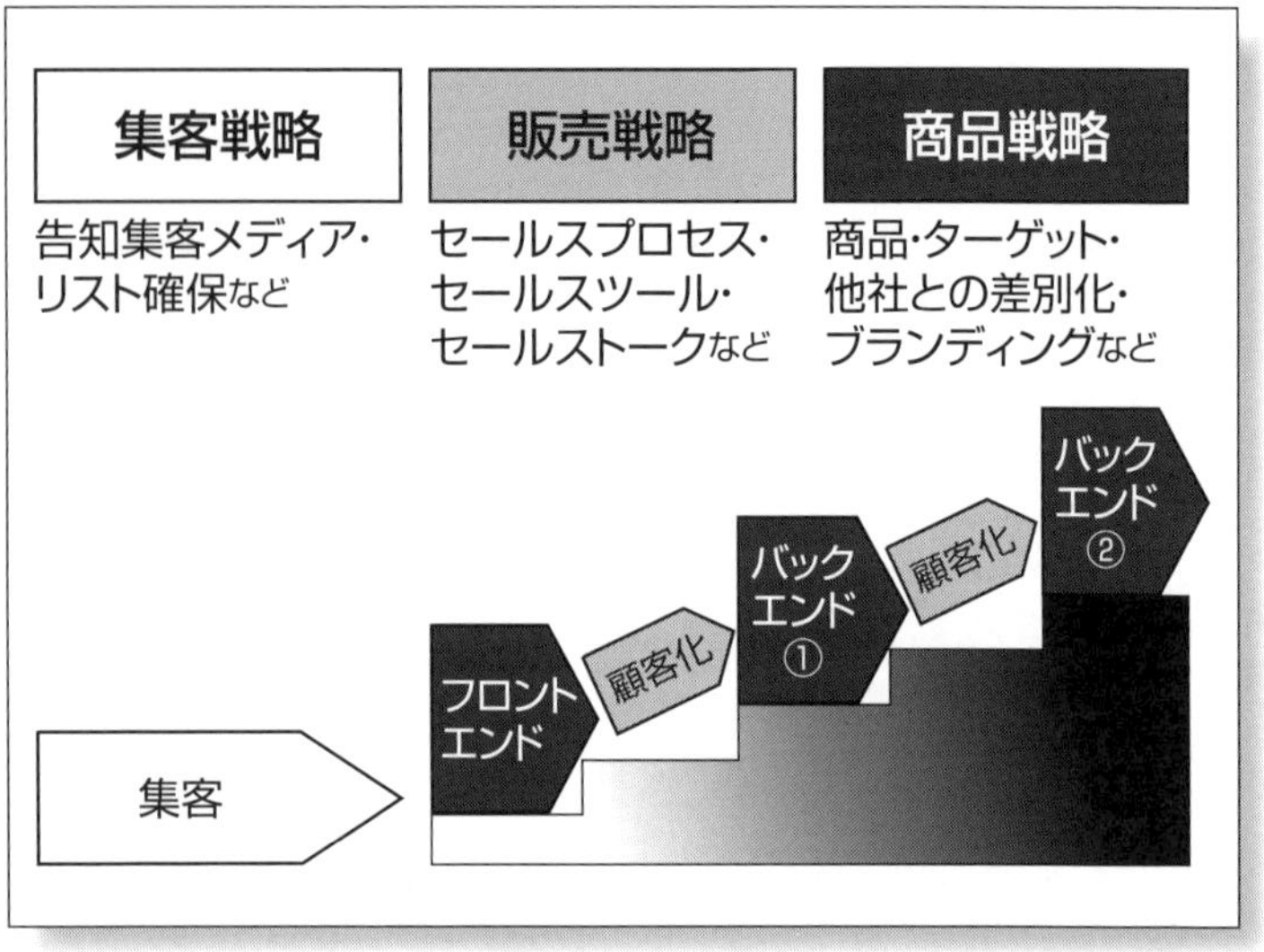
集客戦略
販売戦略
商品戦略
告知集客メディア・
リスト確保など
セールスプロセス・
セールスツール・
セールストークなど
商品・ターゲット・
他社との差別化・
ブランディングなど
集客
フロント
エンド
顧客化
バック
エンド
①
顧客化
バック
エンド
②

ロイヤルクライアントへの途

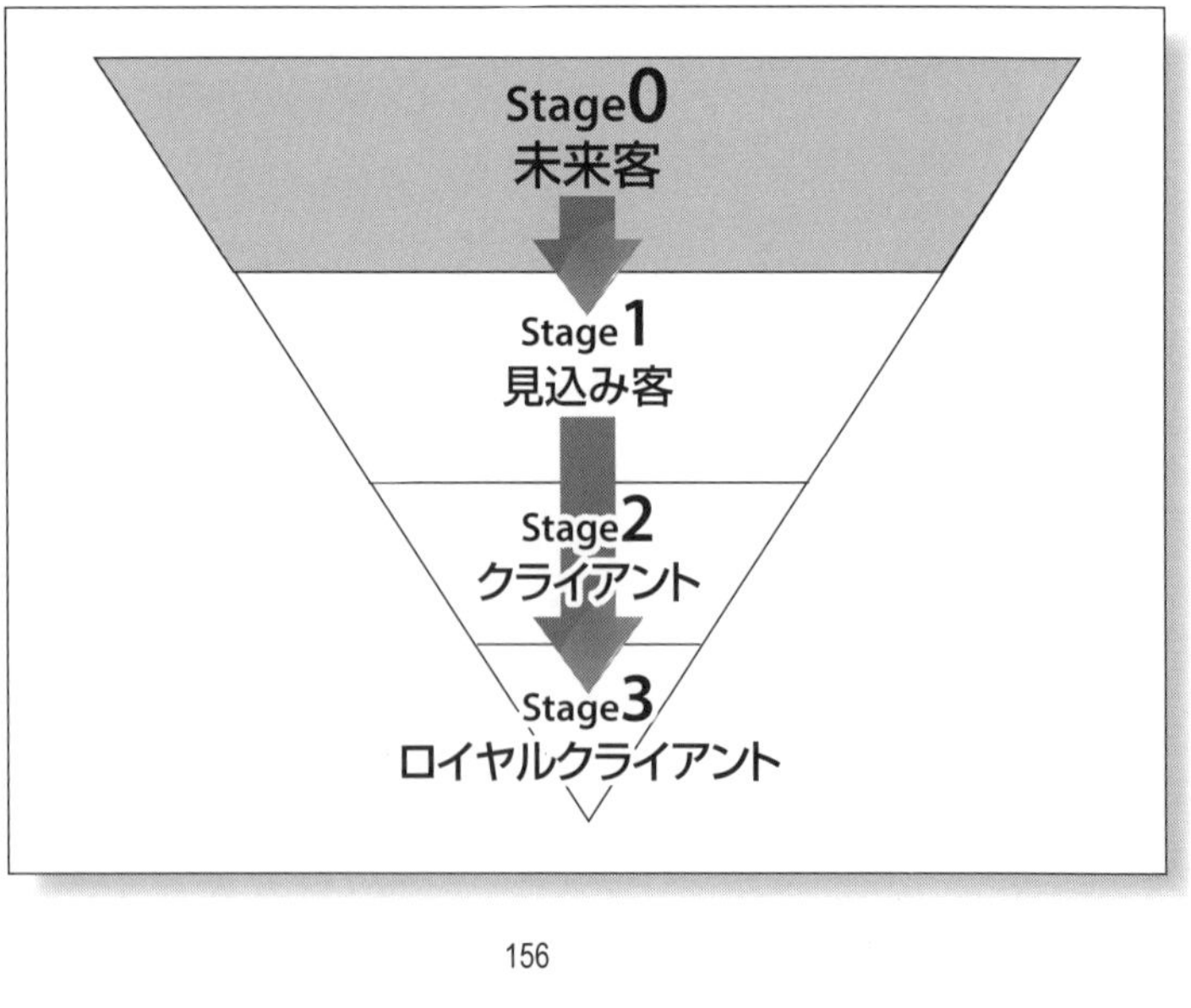
Stage0
未来客
Stage1
見込み客
Stage2
クライアント
Stage3
ロイヤルクライアント

情報発信の重要性

さて、顧客リストがあっても、この人たちに商品やサービスの情報、もっと言うと皆さん自身の情報発信ができないと、ただ趣味で集めたリストで終わってしまいます。商品やサービスの情報を届けていくために、メディアを持ちましょうということです。マイメディア、あるいはセルフメディアという言い方もありますが、ウェブやメール、メルマガ、Facebook、ブログなど、複数のマイメディアを活用して、皆さんの商品、サービスの情報発信をぜひしていきましょう。

それぞれのメディアには、それぞれ特性があります。例えばメルマガとFacebookは、読者登録や友達申請してくれた人にこちらから能動的に情報が届けられます。こちらの意志で情報を届けたいというときに最適です。

ウェブの場合は、来てくれないと見てもらえないので、やや受動的な媒体です。だから、サーチエンジンの検索上位に表示されるようなＳＥＯ対策などをするわけです。そのポイントは、忘れられないことが大事、ということ。忘れられるとビジネスにつながらないので、継続的にコミュニケーションをとりましょうということです。心理学的には、「ザイアンス効果」と呼ばれるものがあって、単純接触を繰り返すだけでも好意性が増していくという心理効果があります。毎日毎日すれ違うだけでも、何か知らないけれど仲よくなった、気になってしまうということですね。これは、リアルでもバーチャルでも同じだと言われています。

マイメディアの一つであるホームページについては、次章で詳しく見ていきましょう。

第8章

ホームページは事業を映す鏡

ホームページは有能な営業マン

この章では、会社のホームページの作り方をお伝えしたいと思います。ホームページは宣伝媒体である会社の顔となるだけでなく、自分のめざすところをはっきりさせるという意味でも、大事な素材となります。この章は、ホームページ制作の専門家であり、私のビジネスパートナーの杉浦藍子さんからうかがったお話を中心に、まとめてみたいと思います。

まず、ホームページを作る段階になってわかるのが、自分の「売り」を把握していない人があまりにも多いということです。ホームページを作るということは、一つのブランディングです。自分にとって何が一番の売りになるかというのを明確化しましょう、というものです。

なぜホームページを作るかというと、第一に、最近は、法人口座を都市銀行で開設するときに、事業内容のわかるホームページがないと開設できない、という事情が出てきています。もちろんないと必ずダメということはなく、銀行にもよります。例を挙げれば、三菱東京ＵＦＪ銀行はないとダメ。三井住友銀行は、事業内容によってホームページが必要です。みずほ銀行はなくても大丈夫のようです。

銀行としては、事業内容がわかりにくいような会社の場合、本当にこの会社は大丈夫かな、ということでホームページを見たりします。また、謄本に記載されている情報と合っているかなど、結構チェックされるようです。

もちろん、ないと絶対ダメではないので、試してみてダメだったらホームページを作ればいいじゃないか、という意見も出ます。ですが、これは心証が悪くなりますからやめておいたほうがいいですね。不信感を植えつける前に用意しておいたほうがいいと思います。あとから作ると辻褄合わせに作ったみたいに思われます。原則としては、口座開設には、ホームページが必要であると思っておくといいでしょう。

もちろん、新規の事業を立ち上げるときには口座は絶対的に必要なので、そのためにもホームページを作りましょうということになりますが、本来、ホームページというものがどうして必要なのか、考えてみましょう。

新規で営業をかけるために、交流会に行くとしましょう。事業内容を一生懸命説明しても、みんな当然一回でわかるわけではないので、じゃあどうするかといったら、ウェブサイトなりチラシなりで確認するということになります。チラシは結局は手で配るわけで、自分でいつも持ち歩かなければならなくなります。それより、ホームページを見に来てねといえば済むわけです。

名刺交換をする場合でもそうです。ただ渡しただけではもらった人も忘れてしまいますが、名刺にアドレスが書いてあれば、自宅や会社に戻ってから確認してもらえるでしょう。名刺にアドレスが書いていないと、ホームページはないのですかと聞かれることも多々あるそうです。ホームページが、名刺を渡した後のアフターフォローをしてくれるわけです。

理由としては、ほかに、ネット上でお客さまに広くアピールできるとか、ネットでセミナーの申し込みや商品の申し込みなどができるなど、多くの利点があります。

ホームページというのは、名刺とともに、会社の顔となるものです。会社概要やパンフレットを配らずに、インターネット上でお客さんを案内し、説明をしてくれます。興味を持ったお客さんからは、直接会うことなくお問い合わせが来ます。営業マンを一人育てると思って、ホームページを育てましょう。

「ないない」づくしの問題点を知る

いざホームページを作るということになって、作成業者に依頼するわけですが、その段階で大抵いくつかの問題点が出てきます。大きく分けると、「自社の強みがわかっていない」「他社の情報をあまり知らない」「理念がはっきりしていない」「ウェブに対する理解度が低い」という四点が挙げられます。一つずつ見ていきましょう。

まず、自社の強みがわかっていない。これは、創業時に陥りやすいポイントです。漠然とホームページを作りたいと思っても、何が一番売りになるのかをストレートに伝えられないということです。つまり、一番得意とする商品、サービス、これだけは負けませんというものがわかっていないので、ホームページがさっぱりしたものになります。メリハリがなくてわかりづらい、ただの箇条書きの説明サイトになってしまいます。

例えばホームページ作成業者であれば、ホームページも作るが、ほかに名刺やチラシなどのデザインも全部トータルでやるというのは一つの売りになります。月額が一万円だという価格設定なども、明確でわかりやすく、リピーターからほかの顧客へと伝わりやすいポイントになります。

そういうふうにポイントを絞るためには、他社はどうやっているかを知る必要がありま す。お客さんはいろいろなサイトでいろいろな会社を見比べています。あなたが見た他社のサイトが、内容がわかりにくい、問い合わせないと料金もわからない、ということであれば、それを逆手に取って、ホームページの内容をわかりやすくして料金も明瞭にすれば、お客さんを呼べることになります。


次に、他社の情報をあまり知らない。場合によっては、まったく知らないというケースもあります。これは、何年も会社を経営している人でも意外に陥りやすいポイントです。特に、こういう業種ってなさそうだよねとか、ちょっとぼんやりした状態でとりあえずスタートしてしまった会社に多く、事業内容は決めてあるけれど、その市場をわかっていないというケースです。

何年かやっていると、自分の仕事に精いっぱいで忙しすぎて、周りを気にしなくなってしまうということもありますが、それを言い訳にしてはいけません。お客さんは何かを調べるときに、たいてい検索エンジンでヒットするページを比較します。そうやってより良い会社を選ぶわけですから、競合するライバル会社の情報を知らないということは、自分が勝っているのか負けているのかもわからないということになります。

目標とする企業のホームページを研究するというのは最重要のことだと考えてください。この会社のようにしたいという目標設定はとても重要で、ホームページを作る側にとっても、いろいろな会社のホームページを見て、自分はこういう会社にしていきたいとか、この会社のイメージに近い、この会社のこの部分は真似たい、という要望が明確化されていると、ホームページもきちんとしたものに仕上がります。

あとは、理念がはっきりしていない。これは、ホームページにあまり関係ないように思われるかもしれませんが、カチッとしたホームページがいいのか、柔軟に対応してくれそうなイメージでちょっとフランクな雰囲気にしたほうがいいのか、ホームページの印象によって、会社に対して持たれるイメージも変わります。企業理念というと堅いですが、方向性がはっきりしていると、ホームページも制作しやすくなります。

「この事業をやる」ということは明確化されていたとしても、自分がどういうふうにしていきたいか、会社をどう育てていきたいかについて、きちんと話ができる経営者は、最初は少ないと思います。でも、ただ商品やサービスの説明をしても、代表者の顔がイメージできないと、訪問者の心には残りにくくなります。その商品やサービスにどのような思いをこめているのか、それが重要です。自社や代表者のカラーが、そのままホームページのカラーになると思ってください。

ショップでお菓子を作っている会社だとすると、今までどういう経緯でお店を作り、どういう思いでこのお菓子を作ったのか、例えば、自分の甥や姪のためにお菓子を作ろうと考えて、サイズは少し小さめに作りましたとか、旅行に行ったときにその場所でインスピレーションを受けてこういう商品を作りました、とか。どうしてこのサービスを立ち上げようと思ったのか、という思いでもいいでしょう。経営者が商品に対して愛情を持っているということが見えますからね。

どうしてその事業を始めようとしたのかという思いを、会社のネーミングにしたり、会社のロゴデザインに反映させることもあります。

最後に、ウェブに対する理解度が低い。もちろん、精通している必要はありませんが、現在は、断言できるほどメールやインターネットを使わないでビジネスはできないので、最低限の理解は必要です。自分が発信した情報がどういうふうにエンドユーザーに伝わるのかについて、そういうところがわかっていない人が結構多かったりします。ベースとして、インターネットとは何か、何をするためのものなのか、誰がどのように見るのか、という概念を理解していないとさすがに困ります。最低限、ユーザーとしての視点を理解しましょう。

社内に詳しい人がいなければ、経営者であるあなたが判断しなければいけません。そうでないと、ホームページ自体は業者が作ればいいのですが、ウェブ展開していくにあたって、ウェブ関連の会社と連携がとりづらくなります。

わかりやすさの重要性

もちろん、ホームページは作るだけではなくて、上手に営業ツールとして生かしていくことが大事です。起業当時はまず、お客さん集めが肝心です。つまり、看板です。人脈というのは起業してから増えることのほうが断然多いですし、個人事業ではなく法人を立ち上げたとなると、仕事を取りに営業に行くには、看板としてのホームページが必ずと言っていいほど必要になってきています。

最初にちゃんとしたホームページを作っておけば、お客さんが見に来ても、「この会社はちゃんとしたホームページを持っているんだな」「あ、こういうこともやっているんだ」というのが伝わって、お客さんが持った疑問に対して問い合わせをいただいても、それを解決できる。その繰り返しから、実際のお客さんになっていただくというところまで、流れを持っていきやすくできます。

わかりやすいということは、新しい事業に興味を持ってもらうのに、一番必要なことです。経営者も営業マンもそうですが、イメージしやすい、つまり、わかりやすい、ということがないとお客さんの印象には残りにくくなります。例えば、ホワイトボードを扱う会社だったら、ホームページにホワイトボードの絵柄がビジュアルとしてあって、「あ、この会社だったらホワイトボードだな」と覚えてもらえるようになっていると、のちのち忘れにくくなります。そう、覚えやすいということは、忘れにくいということなのです。

お客さんというものは、ホームページを全部きちんと見ているわけではないので、端的にメッセージ性があるホームページでないと、わかりづらい印象になります。長々した文章を載せず、短文をたくさん使って伝えるということも大切です。

できないところだけ他人に任せる

あとは、実際に作る段階で、どういう業者に頼むか、という問題になります。

自分のカラーをどうするかという問題とも関わってきますが、例えば丸投げで安く作ってもらったとして、こちらはさわやかなブランドイメージを想定していたのに、作る業者によっては、背景が真っ黒、などということも起きかねません。こちらの意図を汲んで、相談に乗ってくれる業者でないと、あまり意味がないことになってしまいます。

特に、創業当時となると、自分がどうしたいかということをうまく伝えられないケースもあるでしょうから、丁寧にやってくれる業者を選びがちですが、こちらの意図も汲んで、相談に乗ってくれて、と総合的にコンサルティングしてくれる業者の場合、やはりコストもかかってしまいます。

逆に、格安の場合、先の例のように意図が汲んでもらえない場合もありますし、それを避けるには、こちらから積極的に動かなければならなくなり、手間は増えます。

どうするのが一番いいのかと言ったら、やはりその中間をとるべきでしょう。すべてをコンサルティングしてもらうのではなくて、あくまで主導権はあなたが握るべきです。あなたの事業について一番熟知しているのはあなた以外にはいません。すべてを任せるのではなくて、自分にできないことだけ業者に任せる。このスタンスは、ホームページ制作だけではなくて、起業するあらゆる人、あらゆる場面に言えることです。

最初に自分で立ち上げる会社なので、すべてを人にコンサルティングされるのではなく、こうしたいああしたいという要望をちゃんと明確に伝えられるように準備しましょう、ということです。そこさえきっちりしていれば、ある程度安価なホームページ業者への依頼でも、それなりのものが作れるはずです。

ホームページ、封筒、名刺は同じデザインにする

ホームページを作る場合に知っておいてほしいのは、封筒や名刺なども同じデザインで、

できれば同じ業者に依頼したほうがいいということです。これは、営業先で印象づけるためにはどうすればいいかということにつながります。

例えば、交流会で名刺交換をします。名刺にアドレスがあるので、相手は帰ってからホームページを見るとします。さらにその後、案内を出す封筒や会社概要など、そういうもの全部が同じカラーでまとまっていて、同じロゴマークが入っていたらどうでしょう。印象に残りやすい、つまり忘れないですよね。色というのは視覚的に入ってくるものなので、印象づけるには非常に有効です。この人、このロゴ、この色、こういう会社だというのが相手の頭の中でリンクして、忘れにくくなっていきます。だから、できるだけデザインは合わせて作りましょう。キャッチフレーズなども同様です。一貫したデザイン、コンセプトを考えましょう。

業種によって、使う色の傾向や雰囲気が違ってくることもあります。士業関係は結構カッチリしたものが多いので爽やかなブルー系にしたり、例えば相続関係サービスの会社は、税理士や弁護士と関わってくるので、赤を使ったかっこいいものにしようとか、逆に、堅い業種だからこそ、お客さんに対して柔らかく見せたいのでオレンジ系にする、とか。

顧客のメインが女性だったら、可愛らしい雰囲気を大切にします。建築関係では、シンプルでスタイリッシュなホームページに人気がありますが、コンサルティング系では、逆にあえて情報をごちゃごちゃと入れるケースもあります。てんこ盛りのほうがお客さんが安心するという業種もあるわけです。

例えば洋服ブランドだとわかりやすいのですが、そのブランドの商品イメージ、名刺、ロゴマーク、ウェブサイトなどが、見事に統一されています。

名刺をもらったときに、白地の簡単な名刺だったら、印象に残りづらいですね。その後案内が届いても、茶封筒に入ってきたら、名刺とつながりません。会社名もはっきり覚えていないところに、別の印象のものが送られてきてもイメージがばらばらなので、結びつきません。人というものは、わからないと思うと、きちんと探したりせずに捨ててしまうことが多いので、そうしないためにも全部同じカラーで統一していって、最後に商品のところまでつなげてもらうというのが大切です。

ルイ・ヴィトンであれば、ロゴマークを見ただけで誰でもわかりますよね。そういう印象づけを、小さい会社であればあるほど、したほうがいいでしょう。封筒から販促物まで、全部そのような特徴づけをしていくと、これはちゃんとした会社なんだなという印象を持ってもらいやすいことにもなります。新規事業だと、お客さん側にも不安がありますから、それを払拭してくれるぐらいの印象を持たせることが大事です。

そのミニマムな形が、コーポレートカラーであって、ロゴマークであるわけです。会社の色とロゴが単純でわかりやすいものであればあるほど、「ああ、○○さんね」と覚えてもらいやすいことになります。

ただ現実には、ホームページと名刺を一緒に作るという人は少ないかもしれません。知り合い同士の付き合いや義理もありますから、何社か別々に依頼してしまうケースは多いでしょう。でも、あちこちバラバラに依頼していると、いざ、何らかの理由でそことの付き合いがなくなってしまったり、疎遠になってしまったりすると、次の業者に依頼するときに、初めからやり直しになってしまいます。会社案内に使った写真のデータがないなど、管理をきちんとしていないと、やり直しによって二度手間になるケースが出てきます。

いつでもリニューアルできる強み

起業当時はこういう事業内容だけれど、ゆくゆくはこういうふうに広げていきたい、サービスを拡大していきたい、と考える人もいると思います。そういう場合でも、まずは今やっているサービスを最大限に表現することを重視したほうがいいでしょう。新しいサービスを始めるときは、ホームページをリニューアルすればいいわけですから。

いつでも簡単にリニューアルできるというのが、ホームページの利点でもあります。イメージというものは頭の中にあるものだから、人に伝えるのは難しいものです。それなら、どこかよそのホームページを参考にして、こういうイメージだけれどここは変えてほしいとか、参考の元があって、そこに手を加えて自分なりのオリジナルを作る、というのがやりやすい方法だと言えます。

以上のことを参考に、すでにホームページをお持ちの人は、見直してみてください。

・自社の「ウリ」が単純明快に表示されているか

・名刺からホームページに連動できているか
・ホームページだけで十分サービス内容がわかるか

これらはつまり、営業マンが一人前になっているかどうかの確認と思ってください。

ホームページのその先に

さて、いよいよインターネットを使った集客の次の段階へ進みます。

ＳＮＳ（ソーシャル・ネットワーキング・サービス）という言葉はご存じでしょうか？

その言葉は知らなくても、Facebook、mixi、LINE などは聞いたことがあると思います。

これらのように、ネットワーク上で一種の社会を形成するようなメディアを、ＳＮＳと呼びます。

ホームページを作ること自体は、いわゆる受動的な集客です。ホームページは、お客さんが見に来てくれて初めて意味を持つ存在です。それを見に来させるためにできること、それが積極的な集客と言えます。

個人でできるネット上の積極的集客としては、まずはFacebookページを作ることです。Facebookでは告知を出すことができますし、Facebookで「いいね！」を押してくれると、ニュースフィードという形で、そのページ内の更新情報を「いいね！」を押してくれた人全員に見せることができます。「いいね！」を押してくれた人（＝ターゲットでもあります）の数だけ広告が打てるということになります。

自分のブログで宣伝したとしても、ブログを見に来てもらえなければ意味がありません。やはり受動的になってしまいます。その点、Facebookだと、友達や、友達の友達がどんどん拡散してくれます。誰々が「いいね！」を押したという情報まで、Facebook側が勝手に載せてくれるので、要は口コミが広がるわけです。友達が「いいね！」と言っているんだったらどんなものかな、と入ってこられる媒体がFacebookです。

ですから、Facebookでつながると、友達づてに紹介したり紹介してもらったりできます。大きな営業ツールとして活かせるわけです。どういう人なのか、会社代表の顔もわかりますから、お客さんも安心できます。FacebookのページにＵＲＬを書いて、興味を持ってもらった人にホームページを見に来てもらうという誘導方法もあります。

さまざまな集客のパターン

ウェブ展開に限らず、集客の仕方というのは、業種、商品、サービスごとに変わってきますので、一概にこれがいい、あれがいいというのは言えません。はっきりと言えるのは、手軽に安く、てっとり早く集客するのはとても難しいということです。

集客には、ターゲットを絞る、言い換えれば、「どこで」集客するのか、という要素がどうしても必要になります。ウェブ展開でいえば、例えばどういう検索をしてきたお客さんが欲しいのか、ということです。三〇代の女性が欲しいのか、五〇代の男性がターゲットなのかによって、やり方はまったく変わってきます。例えば六〇代がターゲットなのにFacebookをやっても効果は低いですよね。だからまず、ターゲットを考えて戦略を練っていきましょう。

集客には大きく三種類の方法があります。一つ目は、リアルに対面して集客をするやり方。交流会で名刺を配って、うちはこういうお店をやっているんです、と伝える営業や、実際の店舗に来ていただくのもその一つです。

二つ目は、ウェブです。ホームページやブログ、先ほど挙げたFacebookなどのＳＮＳも含まれます。これは、顔を合わせなくてもどういう商品、サービスかがわかってもらえるので、拡散すればするほど集客ができます。

三つ目は、マスコミです。テレビ、新聞、雑誌、ラジオなどを使うやり方。

マスコミについては少し複雑になりますから、初心者が手をつけやすい、リアルな集客とウェブ集客について見ていきましょう。

リアル集客には、交流会、講演会、看板、紙媒体の広告などがあります。マスコミに近くなりますが、書籍による宣伝もリアル集客の一種と考えることもできます。

ウェブの集客には、ＳＥＯ、ブログ、ＳＮＳ、ＳＥＭ（ウェブ広告）、メールマガジンなどがあります。ＳＮＳの代表としては、Facebook、mixiがありますが、mixiの場合は本名でやっている人が少なく、対面サービスへとつなげにくいところがあります。趣味の世界だと考えたほうがいいでしょう。

ブログについては、個人事業の人が利用するケースが多いです。ただ、注意しておきたいのは、無料ブログを使っている人は、そのサービスが終わってしまったり、サービスの内容が変更になってしまったりすると、自分もそれに合わせていく必要があるという難点があります。

また、各ブログサービスによって、規定がいろいろ違いますから、掲載内容によっては削除されるというケースも出てきます。アメーバブログでは、講演会など集客をする作業をすると、アカウントが削除されて、ブログがいきなり消されてしまいます。そうすると、自分の今までやってきた実績が全部なくなってしまうので、注意が必要です。そういう点では、ブログは自社ホームページを作るよりはやはり弱い、と考えたほうがいいでしょう。ただし発信力はあります。ブログの新着情報を見ている人数はバカにできません。メリットとデメリットを比較して、上手に利用しましょう。

結局は、いろいろな情報を得て、その上で、自分の事業・会社に合った集客方法を、バランスを考えて選択していくしかありません。リアル集客とウェブ集客のどちらかだけを選択、というのではなく、どちらかに重きを置いて、その上で融合させていくことが肝心です。例えば、交流会で大量に名刺交換をして、その後にいただいた名刺のアドレスにメールマガジンを配信していく、などという方法です。

SEOは砂上の楼閣？

ウェブ集客についてひと言忠告しておくとすれば、ウェブ集客は片手間ではやってはいけません。リアル集客の場合は、名刺を配ったり、チラシを配ったりと、何でもできますし、ある程度手当たり次第というところがあります。でも、ウェブ集客では、どういうお客さんを集めたいか、まず明確にしなければいけない、ターゲットを絞らないといけないということです。

SEOというのは、「検索エンジン最適化」という意味です。Yahoo! や Google で何かを検索したとき、ヒット件数分の候補が表示されますね。その表示の上から何番目にしていきましょうという戦略を練り、対策をするのがSEOです。

つまり、検索エンジンによる検索で引っかかりやすい、そしてヒットの上位に上がりやすいように、キーワード設定など、ホームページの作り方を考えるものです。

検索に引っかかりやすいというのは、当然みんなの目につきやすいということで、ＳＥＯの利点を知った人は、とにかくやらなきゃいけないと思いがちですが、本当に必要かどうかを考えてみましょう。ＳＥＯ対策に月一〇万円もかけている人もいますが、それでどれだけの効果が見込めるのか。じつはその分、ターゲットさえはっきりしていれば、ＳＥＭ（ウェブ広告）を打ったほうが手堅くビジネスを展開できる場合もあります。

ＳＥＯがマストではなくて、それ以外にいろいろなやり方があるということをきちんと知っておきましょう。もちろん、広告ですから、ＳＥＯにせよＳＥＭにせよ、プロの力が必ず必要ですし、予算と時間がかかります。そして、その覚悟も必要になるわけです。明確な目標なしに飛び込んでいくと、予算の垂れ流し状態になりかねませんから、中途半端に取りかかるのではなく、本気でそれなりに覚悟を持ってやってください、ということです。

ＳＥＯについて付け加えておくなら、検索エンジンの検索ロジックというものは、不定期に変わりますから、そのたびに新たなＳＥＯ対策を模索する必要があります。ＳＥＯとは、時間と手間とお金はかかるけれど、効果は保証されない、という非常に危ういものでもあるのです。

取り組みの再確認

ホームページを作るということは、ある意味、自分でコーチングしているようなものです。自分の目指すものが何なのか、どういうお客さんに来てほしいのかなど、自分の事業に対する取り組みを再確認する手段にもなります。これは、事業計画を作る上でも重要ですし、借り入れする際に相手に説明するときにも重要です。起業するならとにかく常に意識しておきたいところです。

ホームページの特性というのは、目で見てわかりやすく、覚えやすく作れるということです。この特性を上手に利用して、上手にブランディングしてください。

第9章

賢いお金の借り方（お金の話　その1）

最初の資金をどう作ればいいか

起業時に絶対に必要になるもの。それはキャッシュです。

起業するときに二つの資金は絶対に分けて考えてください。初期の投資資金と運転資金の二つです。初期の投資資金というのは、初めに会社を起こすのにいくら必要か。資本金だったり、会社を作ったり、オフィスを借りたりするのにいくらあればいいか。運転資金というのは、会社を回す上で必要なお金です。当然、準備資金、自己資金が多ければ多いほどいいわけですが、そんな潤沢に資金を持っている人はなかなかいないと思います。生きていく上でもお金はかかりますし、住宅ローンを組んでいる人も当然いるでしょう。

手元にある準備資金（自己資金）が、起業時に必要な資金、つまり初期の投資資金と運転資金の合計より多いのであれば、基本的に問題はありません。

私がコンサルタントをするときに必ずやっていただいているのが、一か月分の自分のすべての生活費を出してもらうということです。例えば家賃がいくらで光熱費がいくらで、お子さんの養育費、車の維持費なども含めて、細かく出してもらって、「×6」します。つまり半年分です。なぜかと言えば、会社なんていつどうなるかわからないわけです。突然会社がなくなったとして、会社に勤めていたら失業保険がもらえますが、起業していれば大抵失業保険には入っていません。社長というのは孤独なもので、一番責任が重いくせにリターンがない。一般の従業員とは違うわけです。なので、一か月にいくら使っているかということは、現実を知る意味でも絶対やってください。

現実逃避というのはとても楽ですが、あとで必ずツケがきます。私も、このままなら逃げたほうが早いんじゃないかと思って、現実逃避したことがあります。でも、やっぱりツケは回ってきました。

そして、見込まれる収入は予想の二割減、自分の考える支出は二割増しで考えてください。みんな支出は少なく考えてしまうものです。事業計画書で売上と支出を考えてもらうと、みんな支払いがとても甘いんです。だから基本は、収入は二割減で考える。こういう考え方をしておいて、収入が増えれば当然残るお金が大きくなるだけでリスクはないわけですから、最悪の想定で考えたほうがいいのです。

もし、現金不足が見込まれた場合は、資金調達を考えます。これにはいくつかの選択肢がありますが、あなただったらどの資金調達を考えるでしょう。人から出してもらう「出資金」、銀行など金融機関から借りる「融資」、国がやっている「補助金・助成金」、そして「社債」です。

資金調達といったら大体この四つになります。どれが正しいということはありません。ただ、一番楽なのは出資金です。自分のビジネスモデルを熱く語って、投資してくださいと頼んで、いわば、もらったお金です。でも、人からもらったお金だからといって、気楽に使ってしまうことのないよう、注意してください。

他人から上手に資金を調達する

他人のお金という言い方はちょっと悪いかもしれないですが、そういったお金を活用してレバレッジ効果を上げることが肝心です。親、友人、知人など、自分と関係が深い個人。個人でなく法人でもかまいません。

一つの事例として、私が出資していただいたとき、どういうふうにしたかというと、自

必要資金チェックシート①

独立前に準備する資金					
事務所・店舗取得	敷金	万円	備品	金庫・レジスター	万円
	礼金	万円		空調機器	万円
	保証金	万円		厨房機器	万円
	仲介手数料	万円		陳列棚・什器	万円
	家賃１か月分	万円		書棚・キャビネット	万円
	看板契約料	万円		文具・事務用品	万円
	駐車場契約料	万円		印鑑	万円
	その他	万円		封筒・紙袋	万円
	小計	万円		ユニフォーム	万円
改装・設備	内装工事	万円		消耗品	万円
	外装工事	万円		自動車	万円
	電気工事	万円		その他	万円
	水道工事	万円		小計	万円
	配管工事	万円	広告・宣伝	名刺	万円
	設備工事	万円		案内状	万円
	電話工事	万円		チラシ類	万円
	看板製作	万円		ホームページ	万円
	その他	万円		記念品	万円
	小計	万円		その他	万円
備品	デスク・イス	万円		小計	万円
	パソコン	万円	仕入れ	仕入れ	万円
	パソコン周辺機器	万円		材料・加工	万円
	ソフトウエア	万円		その他	万円
	電話・ＦＡＸ	万円		小計	万円
				合計	万円

「アントレ」2011年秋号（リクルートホールディングス）より引用

必要資金チェックシート②

独立後に必要になる資金					
人件費	給料	万円	用品費	修理	万円
	保険・年金	万円		その他	万円
	福利厚生費	万円		小計	万円
	通勤交通費	万円	営業諸経費	通勤以外の交通費	万円
	その他	万円		運送費	万円
	小計	万円		通信費	万円
事務所・店舗維持	家賃	万円		交際費	万円
	管理費・共益費	万円		広告・宣伝費	万円
	水道・光熱費	万円		販売促進費	万円
	修繕費	万円		資料費	万円
	看板使用料	万円		教育研修費	万円
	駐車場使用料	万円		保険料	万円
	（物件更新料）	万円		リース料	万円
	その他	万円		諸会費	万円
	小計	万円		租税公課	万円
仕入れ	仕入れ	万円		雑費	万円
	外注	万円		その他	万円
	材料	万円		小計	万円
	加工	万円	返済金等	短期借入金返済	万円
	その他	万円		長期借入金返済	万円
	小計	万円		納税準備金	万円
用品費	備品	万円		その他	万円
	事務用品	万円		小計	万円
	消耗品	万円			
				合計	万円

「アントレ」2011年秋号（リクルートホールディングス）より引用

分の持っているビジネスモデルの説明をするのですが、一回目は漠然とした形でざっくりと説明します。二回目には、資料を作って、こういうことをします、あなたにはこういう得があります、こういう社会貢献ができてこういう配当があります、というところまで話をします。そうすると反応がいいということが経験的にわかりました。具体例を単純明快にわかりやすく訴えるところがいいのかもしれません。

じつは、よく駅にあるようなジュースバーを展開しようと考え、そのビジネスモデルで事業計画を出したんです。私は、青果卸業をやっていたので、安い果物を手に入れて、それをジュースに変えたらいいじゃないかという発想から、単純に儲かるだろうと考えて、お金を出してもらったわけですが、そういった単純なものがよかったのかもしれません。ただ出してもらうだけではなくて、出すことによって相手にとってのメリットが何なのかを説明する。それは、とても重要なことだと思います。

出資となると、特に契約書がない限りは返済義務はありません。ですが融資の場合は別で、返済義務がある。どちらもお金はお金です。一〇〇万円出資してもらった、一〇〇万円融資してもらった。どちらも自分の手元にくる一〇〇万円に変わりはなくて、それに対して責任の形が変わるだけです。それぞれのメリット・デメリットを理解して、上手に使えば、ビジネスは加速します。

金融機関から借りる方法

他の章でも触れましたが、お金を借りるということは、会社をやっていく上でとても大切なことです。借りる、借金という言葉に対してみなさんは悪いイメージを持っていると思いますが、起業したらそれは悪くないことです。逆に言えば、借りなきゃだめです。借りて返して信用を得て、さらに大きいお金を借りるのが会社の経営です。個人とはそこが違います。

私には、銀行や政策金融公庫などの金融機関に仲のいい方々がいます。当然、仲がいいからといって、「川瀬さんには、無担保で貸しますよ」などということはありえません。ただ、自分の事業計画を話したときに、それが通りやすいかどうかのヒントをくれたりします。単純に言えば、銀行も貸したい、起業家を増やしたいわけです。もちろん個人にもお金は貸しますが、会社に貸したほうが大きな金額を貸せますので、利息もたくさん取れます。だから、起業家には儲かってほしい。ただ、予算が決まっているので、安易に貸すわけにはいきません。そういうときに、私はちょっとした裏技を使います。その詳細は、ここでは明らかにしません。ここでお話ししたいのは、ちょっとしたことを知っているかどうかで、残せるお金が大きく変わってくる、ということです。

昔、法人を作った当初は消費税を二年間払わなくていいという法律がありました。設立して二年経つと払わないといけないわけです。このとき、消費税を払いたくなくて、裏技を考えた人がいました。二年経ったら、会社をなくしてしまえばいいんです。例えばA社があって、経営して二年が経ちます。この二年目に消費税を払わなきゃいけなくなったときに、会社を閉鎖するんです。そして、新しい会社B社を作って、また二年経ったら閉鎖するという繰り返しです。このやり方は問題になって、結局今はできなくなりましたが、こういう裏技ってあるものです。

それは時に、モラル的にかなっているかどうかという議論は当然出てきます。けれど、経営している側としては、生活がかかっているわけだから、そんなことは言っていられません。それは犯罪行為ではなくて、ただ工夫をしているだけです。経営者ならば、その工夫をみんなから「それってグレーじゃないか？」と言われたときにも耐えるべきだと私は思っています。倒産したら誰も助けてはくれません。自分で工夫して生き残る、そのための知恵だと思います。

持っている情報は先回りして出そう

金融機関というのは、約款などを自分たちであんなに面倒くさい内容にしているくせに、面倒くさいことが嫌いです（笑）。逆に言えば、審査に手間をかけさせない人に対しては結構ゆるかったり、通しやすかったりすることがあります。金融機関から資料の提出を求められなくても、ホームページがありますと言えるようにしておくとか、国家資格のコピーを添付するとか、先回りして準備しておいたほうがいいのです。

また、よその銀行ですでに法人口座を持っているという情報も、惜しみなく出しましょう。そうすると審査が一気に緩くなります。よその銀行で審査が終わっているから、たいてい大丈夫だろう、と思われるわけです。

これらのことは、私自身が身をもって体験してきたことです。

アトラクタスという会社を立ち上げるとき、私はすでにコントリビューションという中古車買い取りの会社を経営していました。アトラクタスで法人口座を作ろうとしたときに、すでに口座を持っている銀行の同じ支店に行って、審査を受けました。審査ですから、いろいろ聞かれます。たくさん事業内容が書いてあるけれど何がメインですかとか、名刺はありますかとか。私はいちいち言うのが面倒くさかったので、この銀行で別の法人口座を持っているということを言ったんです。そうすると向こうは、川瀬博文という個人名で調べて、すでに個人でも法人でも口座を持っているということがすぐにわかるわけです。お金の流れも、全部見られるわけなので、これならＯＫだろうということになりました。自分をアピールできる材料をとにかく揃えていくことが大事です。

他にも、私は社労士の国家資格を持っていたので、コピーを提出しました。細かい要件が排除されて、審査は意外と早く終わりました。

銀行の規約には、必要な提出書類のほかに、「新規で作る場合は、いただく資料をもとに精査して、さらに追加資料があればご提出いただくことがあります」と書いてあることが多いんです。その二度手間を省きましょうということです。これは、銀行のためにも、自分のためにもなりますからね。

何かを隠そうとしても、向こうはプロですから、調べればわかってしまいます。あとから判明することがあると、どうしてこの人はこれを隠したんだろう、と勘ぐられてしまうことにもなりかねませんから、有利な情報はとにかく最初から出すべきです。

変わったところでは、私のクライアントさんで、法人の公共料金の領収書を持ってきてくださいと言われた人がいます。銀行によってそういうものは違ってくるので、どうせなら先に全部提出してしまいましょうということです。

銀行によって審査の内容も基準も違ってはくるのですが、ある程度共通して言えることは、この人はどんな人なんだろうという、「個人」の審査をされるということです。

例えばある人の場合、個人でコンサルタントを八年間やっていました。それをこのたび法人にするということで審査を受けました。でも、その人は、最初に個人でやっていたときの確定申告書などを提出しなかったので、あとからあれを出してくれ、これを出してくれと追加資料を求められて、結局審査に二か月ぐらいかかってしまいました。本人としては、確定申告を赤字で出していたのがイヤだったのかもしれません。銀行としては、長く事業を継続してきて、この事業をやるために法人化したという事実が知りたいわけですが、みなさん、借入残高とか、悪いものは隠したがってしまいます。赤字だろうが黒字だろうが関係ありませんので、もっている情報はすべて出した方が話は早いのです。

知っているか知らないかの差

政府や自治体など公共機関の助成金というものも、知っているか知らないかでもらえるお金が全然違ってきます。利用できるものは利用するべきです。

助成金のほかに、補助金というものもあります。ただ、今、補助金は、なかなか表に出てきません。国で予算は決まっているくせに出てこない。これはなぜかというと、補助金という制度を大々的に宣伝してしまうと、一気に申請者が来るのが困るんです。あまりたくさん来られたら対応できなくて、そうなると役所の怠慢だと言って叩かれるので、あまりおおっぴらにしない傾向があります。中には、制限はありますが、その事業目的で使用した経費の3分の2、上限二〇〇万までの補助するという制度もあるんです。でも、それも知らない人が多い。知らない間に二〇〇万を失っているということもできます。

知っている人は、そういう制度を活用して、うまくやっています。特に、助成金は、先に知った者が強い。なぜかといえば、先のほうがルールが緩いからです。ルールが緩いうちに、抜け穴を使って悪いことを考える人が出るので、だんだん厳しくなっていきます。今の銀行口座もそうです。昔は偽名でも口座を開けたのに、今では開設するのがものすごく大変になりました。

創業時は借りやすい

金融機関側は、お金を貸す際に、主に以下の五つのポイントをチェックしています。一つ目は、安全性。返済意思と能力があるか、ということです。

二つ目は収益性。貸したお金で利息を払うことができるかということ。これは銀行にとってはポイントで、銀行としては利息を払っていればOKというところがあります。

三つ目が成長性。要するに、会社が伸びる可能性があるかどうかです。正直言って、そんなことは正確にわかるわけがありません。だから、前に誰かがやっていて有名なものとか、後追いのもののほうが有利だと思います。世の中に出ていない先駆けのビジネスをやろうと思ったら難しいところがあります。

四つ目は公共性。ブラック企業や暴力団のフロント企業じゃないか、また社会に必要な事業かというところを見ます。銀行としては、貸したお金がどこに行くのか不安なんです。ひょっとしたらその会社を通して反社会的な団体に行ってしまうかもしれない。そういうところは今はかなりチェックされます。

五つ目は、流動性です。お金が動いているかどうか。利益を出しているとしても、ただお金をため込んでいるだけでは優良企業とは言えません。きちんとした企業、そして継続的に発展していく企業は、大きなお金の動きが必ずあります。

さらには、以下のこともチェックされます。まず、使用目的。事業性資金として貸すので、基本的に生活費で使わないかどうか、贅沢のためではないか。だから、融資を受ける口座と、自分が持っている銀行口座は基本的に別にしてください。銀行は口座のお金の流れを見ればその人がどんな生活しているかがわかります。今は口座振替でいろいろな料金を支払っている人が多いと思いますが、そこから生活実態はすべてバレると考えてください。

例えば、会社で銀行にお金を借りて、ちゃんと返済はしています。でも、その個人の口座も同じ銀行にあって、車を買ってローンを組んでいたとしたら、銀行にバレてしまいます。そうすると、次に会社で金を貸してくれと言ったときに、審査でひっかかることになります。本当はそういう部分を審査の対象にしてはいけないことになっていますが、実際にはそういうところも見ているということを、関係者が教えてくれました。

それから、計画が妥当かどうか。計画がちゃんと規模に合っているか。売上一億円稼ぎたいんだという目標を掲げるのはいいですが、ちゃんとそれが事業性と合っているか。一個一〇円のものを売って一億円稼ぐと言ったら絶対無理があります。そういうところを見てきます。

そして、借り入れと返済能力のバランス。いくらまでだったら返せるか。総量規制という言葉を聞いたことはあるでしょうか。借り入れは、その人の年収の三分の一までしかできないという規制です。でもこれは、法人になると関係ありませんので、金融機関がチェックを入れてきます。単純に返済できるかだけでなく、それによって金融機関も利益を出せるかということを見ます。ですから、利益が出る計画を立てる必要があるのです。

創業時は比較的借り入れはしやすいものです。さきほども言いましたが、借り入れが悪いというイメージは捨てて、会社で借りる分には借りてください。無借金で経営している会社はほとんどありません。

公的融資を利用する

起業するときに利用しない手はないと言われているのが、公的融資の制度です。創業時のみ、低金利の固定金利で、長期で、事業実績や担保がなくても、事業計画書次第で貸してくれるというもので、ベテラン経営者から見たらとてもうらやましい制度です。要するに、海のものとも山のものともわからないのに、最初だけ貸してくれます。一年目に決算書が出てしまったらだめで、その前に借りるものです。

ただし、融資を受けるときは必ずプロに相談してください。私が何件か見たケースですが、自分で融資を受けに行って、言ってはいけないことを言ってしまいます。例えば、プロフィールを聞かれたときに、元暴走族でしたとか、昔はろくでなしでしたみたいなことを言う人がいます。いくら正直に言ったからといって、そんなものはプラスになりません。そういうマイナスの要因は一切言わないことです。

そういうことを武勇伝みたいに語りたがる社長さんって実際にいるので、私は心配なので、そういう人にはついていくようにしています。ドーンと落ちたものを復活させる「V字回復」という言葉がありますが、そういう経験をしたことを言ってしまいがちです。昔借金だらけでしたがこういうことをやって復活しました、という話は、事業をやっているうえではOKです。ただ、融資を受ける際にそんな話を聞いて貸そうと思う人はいません。もし自分たちのところに「お金貸してください」とそういう人が来ても、怖くて貸せないですよね。

会社経営をしている人は聞いたことがあると思いますが、信用保証協会という組織があります。あなたに代わって、金融機関からお金を借りてくれる、という組織だと思ってください。

信用保証協会で知っておきたいことは、あなたの会社を信じてお金を貸すわけではないということです。そこを信用保証協会が代弁してくれるので、金融機関がお金を貸してく

信用保証協会の関係図

創業時に利用しない手はない、公的融資制度

ベテラン経営者がうらやむメリット

①創業時のみ融資に応じてくれる。
②低金利で固定金利
③長期資金として活用
④事業実績がなく、担保がなくても、事業計画書次第で借りられる。

信用保証協会があるので、融資を受けやすい

ただし、融資を受ける時はプロに相談する。
素人は足下を見られかねない。
プロには技がある。

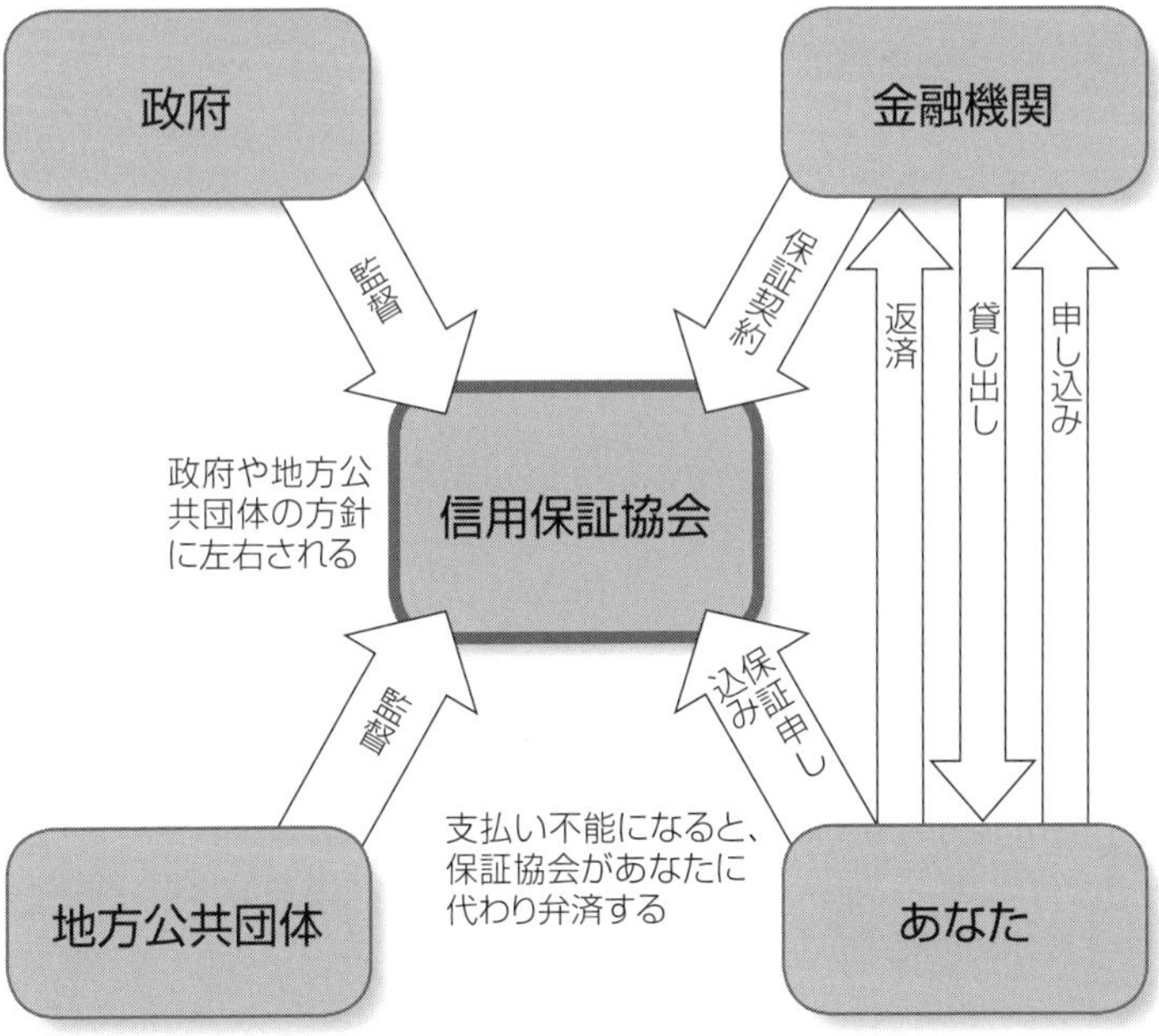

政府
金融機関
監督
保証契約
返済
貸し出し
申し込み
政府や地方公共団体の方針に左右される
信用保証協会
監督
保証申し込み
支払い不能になると、保証協会があなたに代わり弁済する
地方公共団体
あなた

れやすいということです。担保もあなたではなく信用保証協会が負うことになります。

銀行は直接貸すとなると非常に厳しい審査が待っていますし、創業用には、担保がないと基本的に貸しません。信用保証協会がつけば、国の担保があるから貸してくれるということですから、これを大いに利用しましょう。

第10章

本当に困ったときに読む章

（お金の話　その2）

高利金融から借りるより支払いを待ってもらう

ここで、大変なときの究極の判断方法というものをお教えしましょう。

とにかくものすごく資金繰りが苦しくなったときには、高利の金融会社から借りるよりも、支払いを待ってもらったほうが絶対に良いのです。そういうときに、支払いを待ってもらうぐらいだったら金融会社から借りたほうがいいと判断してしまう人が非常に多いのです。それは自分のプライドからしてしまうのかもしれませんが、絶対にやってはいけないことです。

そういうときこそ、冷静に見てくれる人が必要です。本当に困ったときというのは、自分もテンパっていますし、身近な人間もアドバイスが正しくできなくなってしまいます。そういうときに第三者がいるといいわけです。

もちろん、単に支払いを待ってくれと言って、根拠もないのに待ってくれるわけはありません。ここで重要なのは、この人だったらしょうがないかと思わせるような信頼関係を結ぶことです。

私などは、じつは支払いを待ってもらうことがしょっちゅうあります。本当は支払わなければいけない仕入れのお金を、うっかり忘れていたこともあります。でも、三回に一回ぐらいは、先払い込みでドンと払っていたりします。すると、その信頼関係の中で、先方は「あの人はいいかげんなところもあるけれど、金払いはしっかりしてくれる」と認識してくれるので、「まあ今日ぐらいはいいか。明日必ずお願いしますね」で済んでしまいます。

本当はルールどおりやらないといけないことですが、支払いを待ったり待ってもらったりということは、交渉の中でけっこうやることがあります。実際にはただ単に、運転資金が足りないときも正直言えばあるんです。でも、「今、ちょっと事情があって」とか、「うっかりしてた」とか言うことがあります。例えば遠くへ出張に行ったとき、パソコンがないと電子証明などが必要だから送金できないというケースが多くあります。「今、パソコンを持ち歩いていないから」と言ったり、いろいろと理由を並べることはあります。

そう言われたら先方もどうしようもないですから、「まあ、気を付けてくださいね」で済みます。肝心なのは、それを繰り返さないことです。それを二か月三か月繰り返すと、信用はなくなってしまいます。

そういうときには、ただ遅れて払うだけではなくて、相手の得になるように考えます。例えば三日後に払わないといけないのが一〇万円だとしたら、一〇〇万ぐらい払っておく。そうすると、「あ、この人はちゃんと払ってくれる」と思ってもらえるし、先方にとっても、資金繰りはよくなる。そういうことを心がけていると、たまに一日や二日遅れたとしても、何も言われなくなります。「川瀬さん、また忙しいのかな」で済んでしまいます。

もちろん、事業にもよりますから、きちんとやらないといけないケースも当然あります。私が扱っている野菜などは、三日で払わないと、売り止めを食らってしまいます。要するに、もうあなたには売りません、ということです。

許される理由と信頼関係

私にそういう支払いの遅れが許されるのには、許される理由があるんです。三日で払うというのが契約書で交わされたルールだとすれば、三日で払うのは当たり前、でも、相手が得をするのなら、時には余分にボンと払ってしまいます。そうすると、「この人、ちゃんと余分に払ってくれるときがあるんだから、別に一日や二日遅れたところで、逃げたりしないだろう」という信頼関係ができます。

基本のルールは三日。それは守りますが、例えば私が入院したとか、どうしようもない事情ができたとします。そのときに、積み重ねた信頼があれば、先方も「しょうがないか」という認識にたどり着きます。そこをちゃんと積み重ねていないと、入院しようが何だろうが、契約書通り、ルールはルールです、になってしまいます。

ルールを基本として成り立っている社会ですから、守るのは当たり前です。しかし、ルール違反を飲んでくれる相手と、飲んでくれない相手がいる。その違いは、お互いのお付き合いの中で見えてくる人間性であり、信頼関係なのではないかと思っています。

その信頼を作るにはどうしたらいいかと言ったら、基本的にはもともと他人同士、会社同士なわけですから、お金で信用を作ることになるわけです。だから初めから支払いが遅れるというのはだめであって、遅れたくせに、そのあとぴったり払うといっても、それは当たり前の話です。相手の得になることを何かしてあげるとかすると、「しょうがないですねえ」と融通を利かせてくれる関係を築けます。

私の例でこういうケースもあります。支払いは、基本的に朝九時に入金が確認できないといけないということになっています。でも、それが難しくて、午後になら入金できるというときがあるとします。そんなときに、先方の担当者が事情を汲んで、お金が入っていないのに先に入金処理をしてくれるときがあります。それは、先方にもリスクがあるし、私にしか言っていないらしいんですが、そんな信頼関係だって作ることはできるんです。

それは、今までお互いにきっちりとやってきて、信頼関係を築いているからできることです。先方も、こういうことを言ってきたことがありました。「川瀬さん、今回イベントで多額のお金が動くんですよ。八〇〇万ぐらいいっぺんに払ってもらえませんか」と。そういうときに、こちらに余裕があれば、対応してあげます。こちらのお願いも聞いてもらっているから、向こうのお願いも聞かなきゃなという、返報性の法則ができます。それが信頼関係です。といっても、その底にあるのは、お金を通じた関係ですから、いくらあの人が笑顔が素敵でかわいくていい人だって、そんなことははっきり言って何も関係ありません。

セクシャルハラスメントの問題にも似ているかもしれません。同じような肩の叩き方をしても、相手の受け取り方によってセクハラと見なされてしまう場合もあれば、そうならないこともあります。何が違うのかといったら、やはり普段の信用性とか日頃の行動の積み重ねなのではないかと思います。

頼られたときこそラッキーと思う

そこで大事になってくるのが、目先の損得だけで動くのではなく、時にはムダと思えることもしてみる、ということです。そういうことが役に立つときが必ず来ます。

私の中では、人から頼られたときは、もうラッキーと思っています。すごくめんどくさいことでも、初めに向こうが「助けてくれ」と言ってきたときに、こっちが助けてあげれば、そこでがっちりと信頼関係が結べますから、本当にチャンスです。

私の青果の例で言いますと、イベントでメロンを出したいけれど、予算がメロン一個五〇〇円しか取れないという話がありました。メロン一個一〇〇〇円ぐらいしますねという話になって、でも「メロンを皆さんに食べさせてあげたいんです」と先方が言ったら、私はチャンスだと思って、「じゃあ五〇〇円で出しますよ」と言います。「長いお付き合いじゃないですか。毎日五〇〇〇円で出してくれって言われたら嫌ですけれど、今回だけならいいですよ」と。

そういう信頼関係は、もちろん一方通行ではだめで、助けてほしいときに助けてあげたのに、こちらが助けてくれって言っても助けてくれないとなったら、信頼は築けません。

私のところにいろいろな相談が持ち込まれるというのは、こいつに頼んだら何とかしてくれるだろう、という信頼なのではないかと思っています。何とかできないこともありますが、必ず最大限の努力はします。

覚悟を伝える事例

今すぐうまくいっていても、六〇歳を目前にして破綻する人も出る可能性があります。長い間コツコツやってきて六〇歳で破綻するほうが、若いときに破綻するより精神的に痛いわけです。そこから頑張れる気力や体力がありますかという話です。病気になってしまう可能性もあるし、年齢的にサラリーマンに戻れない可能性も当然高い。地道にお金を貯

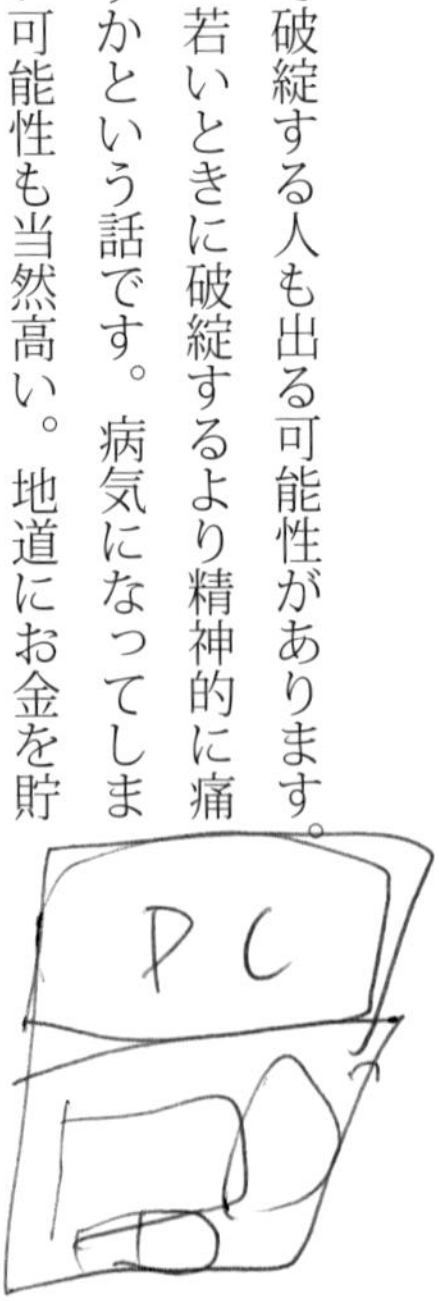

めておけばよかったとか、あのときああすればよかったとか、そのときになって後悔するのではなくて、誰もが経験するかもしれない状況を想定して、うまくいっているときにリスクヘッジをきちんとすることが大切です。うまくいっていない人はうまくいくように最大限の努力をする。当然みんながみんな成功者になれるわけではありません。

ここまで、起業には覚悟が必要だということを、再三お伝えしてきましたが、何をもって覚悟ができているとするか、何をもって甘いとするか、その基準は人それぞれです。

参考のために、私の知っている事例をご紹介することにしましょう。

二億円の借金を踏み倒したくせに、今は高級マンションに住んでいるという人間を知っています。当時は本当に逃げ回っていて、その間誰にも連絡を取らなかったらしいのです。今でも、高級マンションに住んでいるということは私にしか話していないそうです（笑）。

当時、本人は、自殺しようかとまで考えて、行方不明になろう、ホームレスになって住民票も移さないで生活しようと考えたそうです。上野公園や代々木公園、石神井公園などをふらふらしていたら、ホームレスの先輩がいて、ご飯をもらったときの感動は忘れられないと言っていました。

彼が世話になったホームレスの人たちは、とても優しかったそうです。日払いの現場仕事とか、身分がバレるとまずいので履歴書が要らない仕事先を選び、日給で飲んで騒ぐ。彼はそんなその日暮らしがすごく楽しかったと言っていました。彼が元の生活に復帰するとき、最後に言われたのが、「おまえが成功しても絶対ここに戻ってくるな」というひと言。金持ちになってここに戻ってきたら、たかられる。今までの恩を返せとも言われる。俺はおまえがここを出た時点で縁を切る、もう関わらないんだ、と。

とても男気のある人ですよね。何年後かに、酒ばかり飲んでいるので肝臓を悪くして、入院することになったそうです。そのときに、彼はその人の銀行口座を知っていたので、お金を出してあげました。ホームレス生活をしていたときには実名なんて名乗りあわなかったけれど、自分がやったと気付いてしまうだろう、でも、あの人がいたから今の俺がある、と。

いまだに肝臓が悪くて治療しなくてはいけない状態で、長生きできるかどうかもわからないそうですが、本人との約束で手を貸すのは一回だけ、と決めているそうです。何回もやるとやっぱりおかしくなってしまうから、と。私は、本人に渡しに行けばよかったじゃないかとも言いましたが、俺はあそこに二度と関わっちゃいけないと言われたから、その約束は守りたいと言っていました。

私は彼の羽振りのいい生活のときしか見ていなかったので、そんな過去があることに驚きました。

連絡が取れなくなっても、忙しいんだなぐらいにしか思っていませんでしたし、行方不明だということも、周りの誰も知りませんでした。彼からそんな過去を聞いて、自分もまだまだ頑張らなきゃなと思いました。そこまでの苦しい思いをしても、ちゃんと生き延びられるんだということも知りました。

彼が言うには、当時、おにぎりがすごくおいしかったそうです。かつては高級な肉ばかり食って、豪勢に酒を飲んでいた彼が、そのときもらった、不格好な手作りのおにぎりがすごくおいしかったと。ああいうことを忘れちゃいけないんだなと言って、今は住んでいるところ以外は普通に質素な生活をしています。

そういうことがあったから、今では自分が稼いだお金を寄付したりとか、自分と同じ目に遭わないようにと他人に投資したり、ということをやっているようです。

事業内容は私も詳しくは知りませんが、「気合と根性」で乗り切ったと言っていました。なんだか昭和初期みたいなことを言っているなと思いましたが、結局最後はそうじゃないか、やる気になれば何でもできるし、やる気にならなきゃ何もできないんだよ、と言われて、なるほどそうだなと思いました。

第11章

それでも起業はすばらしい

井戸を掘るようにコツコツと続ける

顧客を開拓するのも最初は、井戸を掘るような勘でコツコツやっていくしかありません。でも、ある程度拡大させていくためには、言い方は悪いですが、無料でいろんなことをやって恩を売るようなことをします。それがうまくいくと、コツコツやってきた部分がドカンと抜けて、洪水みたいな状況になって、お金も流れてきます。何もせずに、初めからいきなりダムがほしいというのは無理な話です。

最初はどのやり方が正しいのかもわかりません。私の犯した過ちを同じようにしてほしくない、という思いでこの本を書いてきました。

鼻水垂らして泥だらけでも格好いい

輸入ビジネスをやりたいという方がいらっしゃいました。海外にもわざわざ仕入れに行って、一生懸命準備をしていたんですが、そこまで行ったのに、家族が反対しているとかそういう理由でサラリーマンに戻ります、と先日いきなり言ってきました。サラリーマンに戻るのはいいのですが、土日などを使ってやればいいじゃないかと思うわけです。

そういう人は、自分で言い訳をつけてしまっている気がします。プライドの高さからくるのでしょうか。やめるときはきっぱり潔くやめたい、格好良くやめたい、と思うらしいですね。でも、私にしてみれば、格好良くなんかない。今までの努力をゼロにしてしまうなんて、もったいないだけです。

もちろん、個人の判断だから私が四の五の言える問題ではありません。でも、努力して得たノウハウを、サラリーマンに戻っても生かしたらいいんじゃないかと思います。副業でやったっていい。土日起業家としてそのとき学んだことを生かしてもいい。世の中ダブルワークは当たり前で、夜中に交通誘導員をやっている女性だって多いわけですから、そういう人たちを見習え、と思います。格好つける必要なんかありません。

むしろ、泣いて鼻水垂らして泥だらけになってでも歩き続けるほうが、ずっと格好いいと思います。経営者は必ずどん底から這い上がるということを経験しないといけないものです。どんなやり方をしても、誰でもその道を歩きます。最後は、経営者としての自分の精神力です。

やめようと思ったらいつやめてもいいんです。ただ、投資したものがあるなら、それを取り返したいぐらいの気持ちはいつでも持っていてほしいのです。

私自身も、起業当初は泣いたことがあります。周りから責められて、親とももめて、今まで自分がやってきたことはなんだったんだよ、と悔しくて悔しくて眠れませんでした。でも、支えてくれる仲間もいました。お客さまにも愛されているという自信があったから、やりきりましたが、最初は本当に寝ずに働きましたし、従業員とも役員ともすごいけんかをしました。

みるみるお金が減っていくし、売上が立たないし、イライラはするし、なんで自分がこんなに働かなきゃいけないんだと、思ったときもありました。でもやめはしなかった。やめたいと思ったことはたくさんあります。ゼロにするのは簡単ですが、ゼロにしたらもう復活できないんです。ゼロにしてほかの事業をやるんだったらまだいいですが、逃げるようなゼロというのはよろしくない。勇気ある撤退じゃなくて、それは逃げの撤退です。

でも、人はそれを自分の中で、「格好いい、潔いやめ方だ」と都合よく変換するんです。でも、それは潔くもなんともない、ほかから見たらただの愚か者です。そういう人には、起業は向いていないと思います。

自分にできないことをできる人を探すのが起業

起業とはこのように大変な道のりですが、私は、それでも起業はすばらしいと信じています。

常に人とのつながりの中で仕事をし、信頼関係を築く。その信頼関係も言葉だけでは無理で、自分が起こした行動で示すものです。中にはせこい人もいて、その信頼関係を当然のように、自分の都合の良いように考えてしまう。そういう言葉だけの人、一生懸命さがない人は、すぐに見ぬかれてしまいます。

いきなり電話がかかってきて頼られるということは、ほかにも頼る場所がある人が、一番に自分を選んでくれたわけです。そうしたらやっぱりナンバーワンになるように、オンリーワンになるように返すべきでしょう。だから時間を使って、自分の人脈をフルに使って、自分でできなくても、できる人間を探してきて紹介する。ただ紹介するだけじゃなくて、一緒に私もやりましょうと声をかける。面倒なときもあるでしょうが、人を紹介する場合は、紹介しっぱなしではなく、自分も責任を持ってつながりを作っておいたほうがよいと思います。

私は必ずそうしています。紹介した責任もありますし、今後につながることにもなります。私は何でも真実を知りたいと思っていますから、紹介した人が入って、問題を解決したとしても、先方とその人だけでやりとりをされたら、私がノウハウを学べないじゃないですか。でも、間に私が入ればノウハウごと学ぶことができます。今度自分の身に似たようなことが起こったら、自分で対処できるようになります。

そういうことをしていると、一日にメールが一〇〇件近く届くようになります。私がかかわった案件はみんなグループメールで送ってもらっているので、一応全部目を通します。それで納得いかないとか気にいらないということがあったら、割り込んで全員に返信のときに、「〇〇さん、これちょっと違いませんか」とか、「こうしたらいかがですか」とか言います。それをやると相手も、「あ、この人はちゃんと見てるんだ」となり、みんなが監視し合っているという状況が作れて、相手に対しては信頼が作れますし、私は私で知識が作れます。

自分自身ができることは限られているので、自分にできないことをできる人を探すのが起業で成功するコツだと思います。世の中に自分と同じ事業をやっている人って、たくさんいますよね。セミナーコンサルであったり、大きく言えば青果卸業であったり。起業したいという人は腐るほどいるのに、できる人とできない人の違いは何なんだと考えると、戦略を立てるというのも大事な要素ですが、その戦略を戦略と思わない人がうまくいくのかなという気もしています。

どこかでは戦略を立てているつもりなのかもしれないけれど、そういったいやらしさがない人っているものです。こう動いたら一万円になるとか、そういう考え方がない人がアドバイザーになったら、その会社はすごく伸びると思います。

成功者の法則

私がこれまでいろいろな経営者を見てきたなかで、優れた経営者の要素というものが私なりにわかってきました。以下、端的にまとめてみましょう。

・自分の弱みを把握する
・自分の強みを誰にも負けないレベルにする
・不得意分野では他人の力を借りる
・必要なことに投資することで、時間を買う
・優れたビジネス助言者やパートナーを持つ

経済学者ドラッカーの言葉に、以下のようなものがあります。

「不得手なことの改善をするのに、あまり時間を使ってはならない。自らの強みに集中すべきである。無能を並の水準にするには、一流を超一流にするよりも、はるかに多くのエネルギーと努力を必要とする」

最後にもう一つ付け加えておきます。

・常に明るく、前向きで笑っている

やっぱり事業をやるのだったら、どんな場合も前向きに笑っているのが一番です。それはおそらく、起業して楽しくやっていくコツなのではないかと思います。年収は高いわけじゃないし、好きなことはやっているけれど、ストレスゼロはありえません。そんな苦労はあまり表に出さず、明るくやっていくことです。

不得意なことには時間を使わずに、自分の強みに集中してください。不得意なこと、面倒くさいことは、私たちもできるかぎりお手伝いします。あなたが笑って、険しい道を進みつづけることを祈っています。

おわりに

本書をお読みくださいまして本当にありがとうございました。

「自分がしてきた失敗を、読者のみなさんには繰り返してほしくない」そういう思いで恥ずかしい話も包み隠さず伝えようと、本書を書きました。

耳の痛い話も多かったと思いますが、この失敗から何かを学んでほしいという思いからです。ご容赦ください。

すでに、起業されている方、これから起業しようとされている方。

経営者になるということは、リスクもありますが、それを乗り越え、得られる喜びは、サラリーマンの境遇では得られない、素晴らしい体験だと思います。

どうぞ、危険を回避しつつ、チャレンジしてください。

くじけそうな時がありましたら、私の失敗体験を思い出し、勇気を取り戻してほしい。

この本が、そんなふうにみなさんの励みになっていただけたら幸いです。

出版にあたりましてご協力をくださいました方々に厚く御礼を申し上げたいと思います。

なんだかんだ言いながらも私に協力をしていただきました本書にも登場するビジネスパートナーの皆様本当にありがとうございました。


出版に関することもそうですが、なかなか前に進まず悩んだりしたときに、親身に意見を言っていただける方々は本当にかけがえのないものだと思います。

途中私も出版することをあきらめたいと思ったことが何度もありました。

でも今はやり遂げて良かったと心から思っております。


人生は一度しかありません。どうせならやりたいことをやってみましょう。

事業も同じだと思います。途中くじけることなんて誰でもあります。

あきらめずにやってみてから後悔したほうが良いのです。

もちろん、計画の変更が必要となるときもありますが。

今回の本の刊行の経験で、自著の出版も起業と同じ一事業だと感じました。

書籍の刊行でも、どのような戦略を立てるかが重要になってくることを学びました。

みらいパブリッシング社長・青木誠一郎さん、最初から私の企画を面白いとおっしゃっていただいた編集者の城村典子さん、私を励まし支えてくださりありがとうございました。

今、多くの応援をもらって、私は、起業家を応援する思いを込めて、この本を旅立たせます。

成功する起業家育成コンサルタント

川瀬博文

川瀬博文（かわせ ひろふみ）

成功する起業家育成コンサルタント
株式会社アトラクタス　最高顧問

小さな会社のお金の問題を即座に解決するプロフェッショナル。副業からベンチャーまで儲かる起業方法を伝授する専門家。自ら4社合計年商5億の黒字企業を経営。短期間で成功するノウハウを体得する為にコンサルティングを申し込む起業家が後を絶たない。

起業時に必要な事業計画やビジネスモデル、資金繰り、営業方法のアドバイスをしていたところ口コミで評判が広がる。指導した経営者は500人、2012年にコンサルティング事業を法人化した。アドバイスをした経営者は必ず成功させる自負があり厳しいながらも的確な指導をすることに定評がある。

起業コンサルティングの相談件数も300件を超えビジネスパートナーも増えたため、起業。

コンサルティングを事業目的として株式会社アトラクタスを設立。起業コンサルティング事業に本格的に取り組んでいる。

〈資格〉特定社会保険労務士
〈経営している法人〉　株式会社アトラクタス（起業コンサルティング）
　　　　　　　　　　　スマクリ株式会社（モバイル端末用クリーナー事業）
〈メディア出演歴〉　「ナイツのヒット商品会議室」（千葉テレビ放送）
　　　　　　　　　　「ビッグトゥモロー」（青春出版社刊）
　　　　　　　　　　「介護ビジョン」（日本医療企画刊）　など

アトラクタスホームページ
http://seminar-attractus.com/

本書のご感想・講演の依頼等は下記へご連絡ください
kawase@seminar-attractus.com

社長《しやちよう》の入門書《にゆうもんしよ》

サラリーマンを辞《や》めて起業《きぎよう》で成功《せいこう》するために！

2014年9月28日　初版発行

著　者　川瀬博文《かわせひろふみ》

発行者　青木誠一郎

発行所　株式会社 みらいパブリッシング
〒162-0833 東京都新宿区箪笥町43番 新神楽坂ビル
電話番号 03-5227-1266
http://miraipub.jp
E-mail:info@miraipub.jp

発売所　星雲社
〒112-0012 東京都文京区大塚3-21-10
電話番号 03-3947-1021
FAX　03-3947-1617

印刷所・製本所　藤原印刷株式会社

装　丁　大庭もり枝

組　版　ノルドペック

編　集　城村典子

ISBN978-4-434-19825-0　C0034